AF403541

PIERRE DE TOVCHE

POLITIQVE

TIREE DV MONT
DE PARNASSE.

OV IL EST TRAITTE' DV
Gouuernement des principales
Monarchies du Monde.

Traduicte en François, de l'Italien de
Traiano Boccalini.

A PARIS,
Chez IACQVES VILLERY, au Palais,
à l'entrée de la galerie des prisonniers.

M.DC.XXVI.
Auec Priuilege du Roy.

AV LECTEVR.

L E nom de Traia-
no Boccalini est
assez cogneu pour
donner à ce Liure
la recommandation qui luy
est deuë, cet Autheur estoit
doüé d'vn excellent esprit, &
comme il auoit vne grande
cognoissance des affaires du
monde, il les represente auec
vn iugement tres-parfaict,
& vne naïfueté infiniment
aggreable, il assaisonne tousiours les choses serieuses de

quelque raillerie ; & par diuerſes inuentions il eſcrit la
verité de l'Hiſtoire de ce
temps : car il eſuente le deſſein
que les Eſpagnols ont d'opprimer tous leurs voiſins ſous
pretexte de Religion , & de
Charité , & d'eſtablir par ce
moyen leur Monarchie vni-
uerſelle : & monſtre que ceſte
nation a touſiours eu l'intereſt
de Dieu & de l'Egliſe, en la
bouche, & ne l'a iamais eu
dans le cœur; en quoy ie ſuis
bien aiſe de voir que les Italiens ayent meſme ſentiment
que nous , & qu'ils approu-
uent par leurs eſcrits le iugement que nous auons fait il y

along temps. Or ce liure m'e-
ftant tombé entre les mains
en la langue de fon Autheur,
ie l'ay traduit en François, &
ay penfé que le fubiect qu'il
traicte, luy donneroit l'adueu
de tous ceux qui defirent la
conferuation de l'eftat dans
lequel ils font nais, & qui par
la comparaifon du paffé peuuent iuger du prefent ; Rece-
uez-le auec la mefme volonté
que ie vous le donne, & excu-
fez les fautes de l'impreffion.

TABLE
DES CHAPITRES
CONTENVS EN CE
PRESENT LIVRE.

PIERRE

PIERRE DE TOVCHE
POLITIQVE
TIREE DV MONT
DE PARNASSE.

OV IL EST TRAITTE DV
gouuernement des principales
Monarchies du Monde.

*Pourquoy les Neapolitains sont
extraordinairement opprimez
par les Espagnols.*

CHAPITRE I.

DIEV AYANT resolu de
mettre le peuple Nea-
politain entre les mains
d'vn Pharaon, pour le
punir des infidelitez dont il a
tousiours vsé enuers ses anciens
Roys, fist tomber ce peuple soubs

la domination des Roys d'Espagne, lefquels auffi toft exerçant
fur luy vne puiffance plaine de tyrannie, ordonnerét que ce cheual
ambitieux, qui par vanité porte
en fes armes le fiege de l'Eftat, &
fe vante qu'il ne peut endurer ny
frein, ny felle, feroit mené de fix
mois en fix mois au marché, &
que les Marefchaux politiques à ce
commis & deputez, feroient vne
exacte recherche de fon eftat, & de
fa difpofition, pour luy ordonner
ce qu'ils iugeroient neceffaire, afin
de bien mortifier ce farouche animal, qui de fon naturel eft fi in-
conftant & feditieux, que bien
fouuent il a mieux aimé eftre en
vn mefme temps monté par deux
Roys que par vn feul. Suiuant cefte ordonnance, ce mal-heureux
cheual fut hier tiré de l'efcurie par

les Espagnols qui l'ont en garde, &
pource qu'il est en si mauuais estat
qu'il ne se peut soustenir qu'auec
beaucoup de peine, il fut traisné
en la place auec des cordes. C'e-
stoit vne chose miserable que de
le voir ; car au lieu qu'autresfois il
estoit plain de courage, il est maintenant si descharné & si maigre,
qu'on luy void les os, & il a esté
tellement mal traitté, qu'il a le ventre tout couuert de playes, & tous
les nazeaux couppez : toutesfois les
Espagnols luy mettent nuict &
iour les entraues aux pieds, le ca-
ueçon, le canon, & les lunettes,
comme s'ils auoient peur de luy,
& s'ils estoient en danger de receuoir quelque disgrace. Ces mares-
chaux aduisez, considererent auec
beaucoup de diligence l'estat de

ce cheual , & apres de longues difputes conclurent que dorefnauant
le ratelier luy feroit hauffé d'vn
pied plus que d'ordinaire,& qu'on
luy diminuëroit du tiers les mefu-
res de fon auoine. Lors que cefte
feuere refolution fut prife, quelques Philofophes fe trouuerent
en l'affemblee, lefquels voyans ce
pauure cheual fi abbatu en eurent
pitié, & s'informerent de ces Marefchaux pourquoy ils diminuoiét
l'ordinaire de ceft animal , puis
qu'ils voyoient que la foibleffe l'a-
uoit reduit en tel eftat, qu'il ne luy
reftoit que la peau & les os, & vn
peu de courage qui luy pouuoit
feulement conferuer la vie pour
quelques iours. Alors le plus fage
de ces Marefchaux fe retournant
deuers ces *Philofophes*, leur dift

auec des paroles vn peu inciuiles,
qu'ils feroient mieux de parler de
leur meſtier, que de diſcourir de
ces matieres Politiques, auſquel-
les ils n'entendoient rien. Que ſi le
gouuernement de cet animal plain
de caprices eſtoit tõbé entre leurs
mains, leur charité & leur douceur
auroient pour recompenſe des
coups de pieds & de dents : qu'il
auoit autresfois fait paroiſtre ce
mauuais naturel & ceſte ingratitude enuers ſes Roys, bien qu'ils
fuſſent plains de bonté & de liberalité, & que c'eſtoit les effects
de ſon inconſtance, d'exciter toutes ſortes de ſeditions pour trauailler ſes vrays & naturels Seigneurs,
bien qu'ils fuſſent ſes bien-fai-
cteurs, s'ils ne le traittoient auec
rigueur ; & ſi par le retranchement

de fon ordinaire ils ne le redui-
foient en la foiblefle où ils le voyoient; & que pour faire vn bon
iugement des qualitez de ce fier
cheual, & de la regle qu'on deuoit
tenir pour le gouuerner, il ne falloit pas prendre garde s'il eftoit
maigre, & s'il auoit les iambes
foibles, mais feulement confiderer fon mauuais genie qui le rendoit, quoy qu'il fuft en fi mauuais
eftat, plus bizarre, plus feditieux,
plain de caprices, & defireux de
nouueautez, qu'il ne fuft iamais. Et
ces Marefchaux adioufterent que
ce feroit vn grand malheur aux
Efpagnols, fi le fort & courageux
cheual Neapolitain auoit le moyé
de leur faire autant de mal qu'il en
conçoit tous les iours contre eux,
& que fa fantaifie toufiours enne-

mie du gouuernement preſent luy
en propoſe; & en ſomme que le
monde pouuoit facilement reco-
gnoiſtre que les Neapolitains me-
ritoient bien le mal qu'ils endu-
roiét,& qu'on n'en deuoit accuſer
ny la cruauté Eſpagnole, ny l'imprudence des Roys d'Eſpagne, ny
l'auarice de leurs Miniſtres; parce
que c'eſt charité de tenter toutes
ſortes de moyens pour oſter la
commodité de faire mal à ceux qui
par la douceur n'ont iamais voulu
apprendre à bien faire, & que tout
le monde eſtoit obligé de confeſſer que le meilleur remede dont on
pouuoit vſer pour guerir le chancre des ſeditieux eſprits Neapolitains, eſtoit de ſe ſeruir de l'onguent corroſif de l'exceds de la ſeuerité Eſpagnole.

*Gennes s'excuse à Parnasse, de
la hantise qu'elle a auec les
Espagnols, & dit que dans
la priuauté qu'elle a auec eux,
elle conserue sa liberté.*

CHAP.   II.

IL y a long temps que
la Serenissime liberté
de Gennes n'est plus
receuë à l'entretien &
à la conseruation de
la noble Republique de Venise,
& des autres chastes Estats libres
d'Italie, & de delà la mer ; car encores que par le passé elle ait vescu
à Parnasse auec grande reputation

d'vne pudicité parfaite, toutesfois
en ces derniers temps elle a beaucoup defcheu de fon credit, à caufe de la trop familiere conuerfa-
tion qu'elle a eu auec la nation Efpagnole, laquelle elle a accom-
modé non feulement du meilleur
quartier de fon logis, mais auffi de
fes armes, & de fa puiffançe. Ces
defordres qui font eftimez de tref-
grande importance, quand ils
tombent en vne Dame de cefte
qualité, ont donné fubieƐt à beaucoup de monde de fe donner la liberté de la blafmer, de ce qu'elle
s'eft trop fiee à des perfonnes qui
ont du deffein fur fa chafteté: mefmes chacun dit tout haut qu'elle a
permis aux Efpagnols des chofes
falles & villaines, & que fon honneur y eft beaucoup engagé; & ce

qui faict murmurer, est le desir
qu'elle a d'auoir des pistolles d'Espagne. Souhait autât indigne d'v-
ne fille d'honneur, qu'il est naturel à vne vile & infame courtisan-
ne : d'où vient que ceste noble
Princesse est deuenuë laide & dif-
forme en toutes les parties de son
corps, au lieu qu'auant qu'elle fust
entree en ceste pernicieuse intelligence, elle estoit du nombre des
plus gentilles & belles Republiques qui viuent en liberté : & ses
principales difformitez sont que le
nez des Dories luy a creu de quatre
doigts, & la iambe droite des Espagnols de demy pied. Et ne luy
nuisent pas moins les discours qui
se font dans les places publiques,
que ses subiects sont macquereaux
des Espagnols, & qu'ils les seruent

en des villenies non seulement indignes d'estre publiees, mais mefmes d'estre imaginees; & y en a qui
vont si auant, qu'ils asseurent que
les Roys d'Espagne l'ont priee de
son deshonneur, & que pour s'ef-
claircir s'ils pouuoient tirer courtoisie d'elle, ils ont employé vn de
leurs Ministres que l'on a nommé
en Italie Pietro Euzo , & qui est
Gusman Comte de Fuétes, par les
mains duquel ils luy ont fait pre-
séter depuis peu de iours vne lettre
d'amour en forme d'excitatió, qui
contient (comme l'on dit) des choses exorbitantes qui touchent viuement son honneur, dont on a
eu la cognoissance par le moyen
de la protection, & de l'affection
que les Espagnols tesmoignent
auoir pour ceste Serenissime Da-

me, laquelle en effect ne tient rien de l'amour Platonic , mais est vne pure conuoitise de la dominer, comme tout Parnasse est bien informé. Mais la liberté de Gennes qui est extrememement ialouse de son honneur , ayant receu ceste lettre plaine de presomption, mit la main sur l'vne de ses mules, & en donna sur la ioüe au porteur, & apres tesmoigna par ses paroles vn tel ressentiment contre l'effronté qui la luy auoit enuoyee, & vne volonté si disposee d'en venir aux effects quand il en seroit besoin, qu'elle a recouuré en l'opinion de tout le monde, la reputation qu'elle auoit auparauant perduë. Et ceste libre Republique, pour informer au vray tout le monde de ses honnestes actions & chastes pen-

fees, a depefché fes Ambaffadeurs
deuers tous les Potentats de l'Europe, pour les affeurer que la grande priuauté qu'elle a eu auec la nation Efpagnole, non feulement
luy eft honorable, & vtile à fes Ci-
toyens, mais extrememement neceffaire à la liberté d'Italie, auec laquelle tous fes interefts font auffi
conioincts que ceux de tous les
autres Potentats qui y commandent : Parce que par le moyen de
la graiffe des changes & rechan-
ges, & des vfures exceffiues qu'elle tire, elle a toufiours tenu par le
paffé & tient encores à prefent la
nation Efpagnole fon ennemie, fi
opprimee, qu'auec ces armes là,
elle leur fait vne guerre plus cruelle
que les Holandois & Zelandois
ne font auec leurs armees.

La Monarchie d'Espagne se plainct de ce que ses meschan- cetez sont descouuertes.

CHAP. III.

O N ne sçait si le feu qui prist il y a quel- ques annees au Palais Royal de la Monar- chie de France, fust allumé par hazard, ou par la mali- ce des François, ou par les conspi- rations de ceste nation, qui a con- ceu vne si forte haine contre la France : Mais la flamme en fut si grande, & l'embrasement si espou- uentable, que les Monarchies voi- sines eurent apprehension que ce

feu ne fe peuft efteindre que par la
ruine de leurs Eftats, & l'intereft
particulier obligea chacune d'entr'elles de trauailler à en arrefter le
cours; & bien que les Anglois
foient naturels ennemis des François, ils eurent neantmoins le foin
d'y apporter l'eauë de leur Tamife,
comme les Allemans celles de la
Meufe, & du Rhein, les Venitiens
vuiderent quafi tous leurs canaux,
& les grands Ducs de Tofcane fe
hafterent d'employer leurs armes
pour efteindre ce feu, que les
hommes iudicieux & aduifez pre-
uoyoient deuoir caufer vn embra-
fement vniuerfel; & ce fuft chofe
admirable, de voir que la Monarchie mefme d'Efpagne, reputee fi
grande ennemie des François,
trauailloit auec les amis de la Cou-

ronne de France a esteindre ce feu,
auquel on disoit communement
qu'elle se plaisoit de se chauffer, &
n'y eust personne qui ne s'eston-
nast de ce qu'auec vn soin & vne
charité qui ne se peut exprimer, elle
y portoit les eaües du Tage & de
Lebre, & mesmes celles du grand
Occean, à qui elle commande ab-
soluëment, quand les Holandois
& les Anglois luy en donnent la
permission. Toutesfois les Politiques interpretans en mauuaise
part la charité des Espagnols, disoient publiquement que c'estoit
vn mauuais conseil que d'appeller
les Espagnols au secours des François, parce qu'estans ennemis ca-
pitaux de la France, on les deuoit
plustost estimer autheurs de sa ruine que desireux de sa grandeur;
d'autant

dautant que comme ils reglent les
les conseils & les actions des Princes par la loy de l'interest particulier, ils en bannissent le plus souuent la pieté enuers Dieu, & la
charité enuers les hommes. Mais
ces Politiques attirerent sur eux la
haine de tout le monde, quand on
vist que les Espagnols auoiét plus
de charité & de vigilance que les
plus grands amis des François,
pour ietter de l'eau dans le feu qui
les consumoit. Et ce qui donna de
l'estonnement, & acquist de la reputation à la Monarchie d'Espagne aupres des foibles esprits, fut
que l'on vist qu'elle preferoit le salut des François à la conseruation
de la Flandre, & de l'Autriche son
ancien patrimoine, qui estoit aussi
affligé des violences de la guerre:

mais parce qu'on recogneut que
par trauail humain on ne pouuoit
esteindre la moindre estincelle
d'vn feu si espouuentable, & que
les flammes des guerres ciuiles
estoient si violentes qu'elles s'ai-
grissoient contre les remedes. Les
plus simples commencerent à pre-
ster l'oreille aux discours de ces Politiques, & soupçonnerent que la
charité des Espagnols estoit con-
iointe auec leur profit : C'est pourquoy ils prirent resolution de ne
plus croire aux apparences:& pour
cest effect ayant regardé quelle
matiere les Espagnols apportoient
dans leurs barils, ils trouuerent
qu'au lieu de donner de l'eau pour
esteindre le feu, ils les emplissoient
de poix, d'huile, de therebentine,
& de dissentions diaboliques pour

l'augmenter, & mesmes ils apprirent que quelques Seigneurs François vsoient de mesme trahison, & qu'encores qu'ils fissent profession d'auoir plus de charité que les autres, ils mettoient en œuure la matiere qui estoit dans ces barils, laquelle les Espagnols leur auoient prestee : dequoy la Monarchie de France estant iustement offencee, elle fit incontinent iustice de ces traistres, les faisant tuer & deuorer par le feu, que leur infidelité leur faisoit nourrir dans le pays ; & pour les Espagnols elle les fit chasser & proclamer à son de trompe, comme hypocrites : & la Monarchie Françoise par Edict particulier, fit sçauoir à tout le monde que si à l'aduenir il se trouuoit quelqu'vn qui creust que l'esprit

des Espagnols peust conceuoir
aucune sorte de charité, & bonne
volonté pour les François, on le
deuoit tenir pour simple & idiot,
& que si apres la premiere admo-
nition il demeuroit en son erreur,
il meritoit d'estre berné comme
meschant & seditieux. Ce fut vne
merueille de voir que les Espagnols, & ces traistres François
ayant cessé de trauailler à esteindre
ce feu, l'embrasement de la France cessa de soy-mesme, encores que
les plus iudicieux asseurassent qu'il
ne pouuoit estre esteint par trauail
humain. Et ainsi les tant renommez & immortels Lis d'or, apres
auoir esté si long temps foulez aux
pieds, se releuerent plus beaux &
plus fleuris qu'auparauant : & la
Fráce, qui par l'excessiue ambition

de plusieurs personnes auoit esté
si cruellement affligee par l'espacè
de plus de quarante ans, deuint
paisible en vn clein d'œil; ce qui
fit cognoistre à tout le monde,
que les Espagnols auoient esté les
premiers autheurs de cest embrasement, bien que soubs les pretextes specieux de Religion & de charité, ils se soient efforcez de persuader à vn chacun, que leur vray dessein estoit de l'esteindre. On dit
qu'apres ce coup la Monarchie
d'Espagne se retira en son Palais,
sans permettre que personne la
vist, & que se laissant aller à vne
profonde melancolie, elle ad-
uoüoit librement qu'elle aimeroit
mieux auoir perdu deux de ses
meilleurs Royaumes, que de voir
le mespris & la risee que l'on faisoit

des sainéts pretextes, auec lesquels
elle se souuenoit d'auoir plusieurs
fois vendu auec grand proffit pour
musq, ciuette & ambre gris , les
choses les plus puantes; luy semblant qu'elle auoit perdu les mines
d'or & d'argent du Perou, & de
tout le nouueau móde, puisqu'elle n'auoit plus le moyen de monstrer aux simples le blanc pour le
noir, & qu'elle se voyoit reduite à
la necessité d'acquerir les Royaumes à la pointe de l'espee, comme
les François, là où auparauant elle
auoit excité vn embrasement vniuersel sans autres armes, que celles
des apparences de ses sainétes intentions; & par dessus tout elle se
plaignoit de ce que tous les peuples auoient si mauuaise opinion
d'elle, qu'elle estoit en danger de

n'estre pas seulement creuë à l'aduenir quand elle diroit la verité, au
lieu qu'autrefois on adiouſtoit foy
entierement à ſes diſſimulations,
& à ſon hypocriſie.

---

*La Monarchie d'Eſpagne arri-
ue à Parnaſſe ; elle ſupplie
Apollon qu'il luy faſſe fermer ſon cauthere, ce qui luy
eſt refuſé par les Medecins
Politiques.*

CHAP. IV.

ENCORES qu'Appollon,
& le Conſiſtoire des Do-
ctes, tenu dans la Royale
ſalle de l'Audience, en la preſence

des Muses, euſt ordonné que la
Sereniſſime Monarchie d'Eſpagne, qui eſt arriuee en ceſte Cour
y a quatre mois, feroit ſon entree
ſolemnelle, & que ce decret euſt
eſté fait dés le temps de ſon arriuee,
neantmoins il n'a eſté executé que
depuis deux iours, parce qu'elle eſt
demeuree quatre mois à s'accorder
auec les Princes des Poëtes, des
tiltres qu'elle doit donner & receuoir de chacun, & de la façon
qu'elle doit eſtre viſitee, & receuë
aux viſites qu'elle eſt obligee de
faire. Ceſte vanité a infiniment affligé tous les vertueux de ceſte
Cour; mais ce qui a augmenté
leur deſplaiſir, eſt que pluſieurs
Princes des lettres ont dit à cœur
ouuert, qu'il leur ſemble plus à
propos de fuir les approches des

Espagnols, que de receuoir leurs visites, parce qu'ils ont receu des aduis d'Italie, qui les aduertissent de se tenir sur leurs gardes, & de se deffier de leur amitié, & qu'ils ont vne cognoissance particuliere que les Espagnols offencent plustost ceux qu'ils visitent, qu'ils ne les honnorent. Et bien que ceste puissante Monarchie ait fait naistre de l'estonnement en l'esprit d'vn chacun, en se monstrant plus retenuë à donner des tiltres, que des escus d'or ; toutesfois les Princes des Poëtes, & tous les Potentats vertueux, qui regardent plus la substance des choses, que la vanité de ces tiltres & qualitez, luy ont donné tout le contétemét qu'elle pouuoit desirer : Neantmoins il est veritable que ceste grande Reyne a

perdu en ceste Cour beaucoup de
ſa reputation , quand on a veu
qu'encores qu'elle ait beſoin de
faire des amis , elle teſmoigne
auoir de l'inclination à d'eſobliger
& aliener les volontez des perſonnes qui ne deſirent d'elle autre ſa-
tisfaction que de paroles: & chacun a remarqué auec eſtonnement, que le Maiſtre des ceremonies l'ayant aduertie que la grauité
qu'elle garde en toutes ſes actions,
eſt odieuſe, reſſent ſon barbare, &
eſt indigne d'vne ſi grande Dame.
Elle a reſpódu tout en colere, qu'il
eſtoit vn ignorant auec toutes ſes
ceremonies, puis qu'il teſmoignoit
qu'il ne ſçauoit pas qu'vn Prince
ſans grauité reſſemble à vn Paon
ſans queuë. Il eſt impoſſible d'exprimer le deſir que les Princes des

Lettres auoient de voir ceste pro-
messe; car de tous les costez il est
venu du monde à la Cour d'Apollon, pour voir en face ceste puissante Reyne, laquelle par vne mer-
ueilleuse suite de bon-heur, a vny
en peu de temps à sa couronne, de
tres-grands Royaumes, & en a
formé vn Empire si redoutable,
qu'il n'y a point de Prince dans l'V-
niuers qui ne soit entré en soup-
çon de sa puissance, & n'ait pris les
armes pour s'opposer à sa grandeur. Ceste Reyne assistee d'vne
grosse armee, arriua heureusement
ces iours passez à l'Isle de Lesbo, &
Madame la Serenissime Republique de Gennes l'accommoda gra-
tuitement de son port, bien que
par vn ancien priuilege la famille
des Dories leue vn gros impost sur

tout ce qui y aborde. La Monarchie d'Eſpagne eſt ieune en com-
paraiſon de celle de France, &
d'Angleterre, & des autres vieilles
Monarchies de l'Europe; mais elle
les ſurpaſſe toutes en grandeur de
corps, & eſt d'vne hauteur deſme-
ſuree, veu le peu d'aage qu'elle a:
ce qui fait iuger que ſi elle conti-
nuoit à croiſtre iuſques en l'aage
auquel les corps humains ceſſent
de prendre accroiſſement, elle de-
uiendroit ſi grande, qu'elle attein-
droit à la hauteur des Monarchies
vniuerſelles, à laquelle paruint celle de Rome: Mais les euenemens
des affaires d'Eſtat, font croire aſ-
ſeurement qu'elle ne deuiendra
pas plus grande, & que dés ſa ieu-
neſſe elle eſt paruenuë à la hauteur
que la longueur du temps luy pou-

uoit donner, parce qu'à present elle a plus de peine à croiſtre d'vn demy doigt, qu'autresfois elle n'en auoit à croiſtre de deux pieds. Ceſte puiſſante Dame a le tein ſi noir, qu'elle tire ſur le more ; & c'eſt pourquoy ſes mœurs ſont pluſtoſt ſuperbes que graues, & ſes actions ont plus de cruauté que de ſeuerité, & ſon ame n'ayant iamais peu eſtre portee à exercer la clemence, qui eſt vne vertu neceſſaire aux Princes : Beaucoup de monde a creu que ce deffaut a eſté vn puiſſant obſtacle à l'eſtabliſſement de ſa grandeur, car elle fait gloire de de ſçauoir bien coupper le ſommet des pauots qui paſſent les autres en hauteur dans les iardins de ſes Eſtats, & de ſurpaſſer en cela ce grand Tarquin, que lon dit eſtre

le premier qui a trouué ce secret.
Or comme son inclination la porte à ne point pardonner, elle ne se
dispose pas facilement à faire grace
à personne, & si elle donne des
graces, c'est auec tant de faste,
que ceux qui les reçoiuent n'en
font pas beaucoup satisfaits : toutesfois en apparence elle est pleine
de courtoisie & de ciuilité, mais
ceux qui penetrent & portét leurs
yeux dans le profond de son cœur,
n'y voyent que de l'arrogance, de
l'auarice & de la cruauté, & ceux qui
ont pratiqué long temps auec elle,
disent qu'il n'y a point de Princesse
de qui on reçoiue de plus douces
paroles, & de plus rudes effects,
dont il arriue que quand elle a gaigné les hommes soubs pretexte
d'amitié, elle se sert de sa puissance

pour les eſtonner, & leur monſtrer
qu'elle eſt leur Maiſtreſſe;elle a des
mains deſmeſurement longues,
leſquelles elle eſtend par tout où
elle peut, ſans diſtinguer ſes amis
d'auec ſes ennemis, & les eſtrangers d'auec ſes parens ; & elle a des
ongles d'harpies qui ne laiſſent iamais aller ce qu'elles ont vne fois
attrape; elle a des yeux noirs qui
ont la veuë extremement aiguë &
perçante, & dautant qu'elle eſt
louche, il aduient quelquesfois
qu'elle regarde fixement deux choſes differentes en vn meſme temps.
De fait ces annees dernieres ayant
la face tournee deuers Alger, ſans
que perſonne s'en apperceuſt, elle
regardoit fixement Marſeille, les
mouuemens de ſes yeux font re-
cognoiſtre l'auiaité de ſon cœur;

car auſſitoſt qu'elle a veu vne choſe, elle deſire la poſſeder : & c'eſt pourquoy les iudicieux diſent que ceſte Reyne bruſle d'enuie d'vſurper le bien d'autruy, & qu'elle n'a iamais faict amitié auec perſonne, qu'elle n'ait en peu de temps aſſubietty à ſon Empire par ſes artifices : ainſi quand on conſidere qu'elle traicte eſgallement ſes amis & ſes ſuiets, & qu'elle veut que les vns & les autres luy rédent le deuoir d'vne entiere ſeruitude. Le iugement que le monde faict d'elle eſt, qu'elle eſt plus propre à commander à des eſclaues, qu'à des hommes libres ; elle tient tellement d'elle, & eſt tant attachee au poinct d'honneur, qu'elle ne veut pas ſe donner la peine d'aller au deuant des bonnes occaſions, mais elle attend

qu'elles

qu'elles la viennent trouuer chez
elle, comme elles y sont venuës
beaucoup de fois. Il n'y a iamais eu
de Princesse, & n'y en a point encores, qui sçache si bien se seruir
de ses draps d'or, & de ses tresors,
pour couurir ses meschans & pernicieux desseins, & quoy que tous
les iours elle fasse des actions assez
mauuaises, toutesfois elle ne fait
sonner rien si haut que sa conscience: De là vient que les François
qui ont esté si souuent trompez
par l'apparéce de ses specieux pretextes, ont en fin appris à leurs despens, à prendre les armes quand
ils voyent qu'elle se mesle des affaires d'autruy, soubs ombre de Religion & de charité enuers son
prochain: elle sçait si bien monter
à cheual, qu'elle a heureusement

dompté les genereux Coursiers de
Naples, & a vaincu les caprices des
Mules d'Espagne, qui de leur naturel sont extremement vicieuses.
Il n'y a point de Reyne qui soit
soupçonneuse comme elle, car
hors sa nation, elle a de la deffiance de toutes celles qui luy sont sub-
iectes, encores qu'en toutes les occasions elles luy ayent tesmoigné
leur fidelité, & ce deffaut, au iugement des meilleurs esprits, l'em-
pesche de deuenir plus puissante
qu'elle n'est, & les Politiques at-
tribuent à tres-grande folie l'opinion qu'elle a, que la crainte de ses
mauuais traictements puisse con-
traindre les hommes à l'adorer:
toutefois ses odieux deportemens
n'empeschent pas qu'elle n'entrei-
ne beaucoup de monde à son ser-

uice, parce que la quantité de ſes
treſors eſt l'aymant qui attire les
eſprits de ceux qui ſont plus obligez de la hayr, que de la rechercher : elle a de la vigilance dans les
affaires de peu d'importance, &
lon a remarqué qu'elle s'eſt laiſſee
tromper au maniement de celles
qui ſont de plus grande conſe-
quence, plus qu'aucune autre
Princeſſe; elle teſmoigne vn bon
ſens, & vne prudence admirable
aux reſolutions des grádes affaires,
mais il y en a peu qui luy reüſſiſ-
ſent à cauſe des longueurs qu'elle
y apporte; car cependant les affaires du monde venant à changer de
face, les deliberations les plus iu-
dicieuſes, bien ſouuent prennent
mauuaiſe fin, & ces longueurs
procedent ou d'vne pareſſe qui

luy est naturelle, ou de l'auarice de
ses Ministres qui marchandent
tout, ou de la creance qu'elle a
que pour donner du poids, & de
l'authorité à vne deliberation, il
faut qu'elle soit longuement at-
tenduë. C'est pourquoy chacun
croit qu'elle est plus capable de
former vne faction, & nourrir
vne intelligence, que de faire la
guerre : car encores qu'elle soit
pleine de constance, & qu'elle sup-
porte toutes les incommoditez de
la guerre auec vne grande patience, neantmoins elle ne peut faire
de grands effects par les armes,
parce qu'elle n'a pas assez de resolution, & que la circonspection
qu'elle apporte en toutes ses actiós
est vne marque de sa timidité.
D'où vient qu'elle est plus propre

à conseruer ses Estats, qu'à en acquerir d'autres : & plusieurs personnes bien sensees se mocquent
d'elle, de ce qu'elle ne veut entreprendre aucunes affaires sans en
auoir meurement deliberé , & de
ce qu'elle ne donne rien au sort & à
la fortune , qui a acquis tant de
gloire & de reputation aux François, quand ils ont executé leurs
desseins auec beaucoup de courage, & peu de iugement. Et quelques-vns estiment que ceste Princesse regle ainsi ses actions , dautant qu'elle n'a pas moins d'enuie
de conseruer son sang, que de ref-
pandre celuy d'autruy:ce qui don-
de occasion de rire aux hommes de
guerre, & aux grands Capitaines,
voyans que sans mettre la main à
l'espee, elle espere d'acquerir l'Em-
C iij

pire de l'Vniuers , & la verſion
qu'elle a des combats , luy vient
d'vne longue habitude; car ayant
accouſtumé d'eſtendre ſa domination par ſes alliances,elle ne peut
gouſter la couſtume des François
de ſe rendre maiſtres des terres de
leurs voiſins , au prix de leur propre ſang. Donc ceſte grande Reyne ſe ſeruant plus de la fineſſe,que
de la valeur, elle fait plus de mal à
ſes ennemis en paix, qu'en guerre:
c'eſt pourquoy les Fraçois qui ont
veſcu auec elle iuſques à preſent
auec vne extreme confiance, ayans
apres vne ſi longue ſuite de malheurs , fait la paix auec les Eſpagnols, ont en fin apris à employer
tout ce qu'ils ont de vigiláce pour
auoir les yeux touſiours ouuerts
deſſus eux. Ceſte Princeſſe eſt pro-

digue de ſes richeſſes, & tellement conuoiteuſe du bien d'autruy, que elle ne ſe ſoucie pas de ruiner ſes Eſtats, pourueu qu'elle en vſurpe d'autres : ſes penſees ſont ſi profondes, & ſes deſſeins ſi cachez, qu'il n'y a perſonne au monde qui les puiſſe cognoiſtre, & les yeux du Linx, quoy qu'ils ſoient bien aigus, n'ont pas aſſez de force pour luy penetrer la peau, ou au contraire, ceux qui ont la plus mauuaiſe veuë, peuuent deſcouurir ce que les François, & les autres nations ont de plus ſecret dans le cœur : mais pour iuger ſainement du genie, & de l'inclination de ceſte Dame, il faut croire qu'en tout ce qu'elle fait, elle monſtre touſiours au dehors le contraire de ce qu'elle a en l'eſprit. Et combien que les

vices aufquels elle eſt ſubiecte
oſtent beaucoup d'eſclat & de lumiere à ſes vertus, neantmoins la
grandeur de ſa fortune luy a acquis
vne telle reputation, que lon donne nom de vertu à tout ce qui vient
d'elle : de ſorte qu'il y a des Princes
que lon eſtime bien ſages, qui tiennent à honneur de l'imiter, meſmes
en ſes deffauts ſa complexion robuſte fait iuger que ſa vie ſera de
longue duree : vne ſeule choſe af-
foiblit les forces d'vn ſi grand
corps, qui eſt qu'elle a les membres eſloignez les vns des autres,
c'eſt pourquoy elle fait tous ſes efforts pour les raſſembler, par le
moyen du ſecours de la Republique de Gennes, & de l'alliance
qu'elle a auec le Duc de Sauoye.
Mais tout cela luy donne peu d'a-

uantage à caufe de la diuerfité des interefts de ces Potentats. Vne des plus grandes fautes que faict cefte Princeffe, eft de commettre les grandes charges de fes Eftats entre les mains des Efpagnols, car ils les exercent auec tant d'arrogance, qu'ils ne font pas contens d'eftre honnorez comme des hommes, mais ils veulent eftre adorez comme des Dieux; ce qui a rendu le gouuernement Efpagnol odieux aux Italiens, & aux Flamans, & Efpagnols mefmes. Et tous ceux qui regardent cefte puiffante Reyne, s'eftonnent de voir que tout fon corps eft couuert de fangfues Geneuoifes pour la plufpart, & il s'y en trouue de fi graffes, qu'elles reffemblent aux anguilles du lac de Marte, & des vallees de Comar-

chio, & on ne fçait à quoy il tient
qu'elle ne s'en deliure, fi c'eft fon
impuiffance qui en eft caufe, ou fa
negligence, ou bien fi c'eft vne dif-
grace commune & fatale à tous les
grands Princes, d'eftre fuccez par
ces mefchans animaux.

Donc cefte puiffante Princeffe
s'eftant prefentee deuant Apollon, elle fe fit deflier le bras gauche
par fes Miniftres, & le monftrant
nud à Apollon, & à tout le facré
College des Lettrez, elle leur parla
en cefte forte, SIRE, ce que voftre Maiefté voir, eft ce puant cauthere de la Flandre, que les François, les Allemans, & quelques
Princes Italiens, & cefte mefchan-
te renegate d'Outre-mer, m'ont
appliqué il y a fi long-temps, à caufe du foupçon qu'ils auoient con-

tremoy ; & à la verité ie recognois
que ces Princes auoient iufte fu-
jet d'eftre ialoux de ma puiffance,
lors qu'ils virent la France, apres la
mort du Roy Henry I I. tombée
dans les malheurs qui fuiuent ordinairement les regnes des Roys
pupilles, & qu'ils recogneurent
que ie cherchois les occafions d'entretenir ce Royaume en diuifion
pendant leurs minoritez : mais
maintenant que l'eftat des affaires
a changé, & que ie n'ay point de
honte d'aduoüer que i'ay efté con-
damnee aux defpens, en la guerre
que i'ay faite aux François, & particulierement à ce defchainé Prince de Bearn : Ie fupplie tres-hum-
blement voftre Maiefté, de faire
fermer ce malheureux cauthere,
où par le temps il s'eft amaffé vne

ſi grande quantité d'humeurs,
qu'elles y ont formé vn chancre,
qui ſans voſtre ſecours, eſt capable
de me donner la mort. Quand ie
paſſay en Italie, ce ne fut pas mon
ambition, ny le deſir de la dominer qui m'en fiſt entreprendre la
conqueſte, comme mes ennemis
ſuppoſent; i'y fus appellee, ou pluſtoſt tiree par force par les Princes
Italiés, leſquels par mon moyen ſe
vouloient deliurer de la domination des François: & n'y a perſonne
en l'Europe qui ne ſçache que les
Eſtats que ie poſſede en Italie, me
couſtent plus que ie n'en tire de reuenu, & qu'ils ne ſeruét qu'à m'affoiblir & à m'opprimer. Heureuſe
ſeroit ma maiſon d'Eſpagne, ſi ie
n'euſſe iamais penſé à la conqueſte
de l'Italie, ie l'aurois couuerte

d’argent, & d’or maſſif; ſi ie n’euſſe point preſté l’oreille aux practi-
ques des Italiens, nation double,
pleine de tromperie, qui ne ſe gou-
uerne que par ſon intereſt, & n’eſt
propre qu’à embarquer les hommes ſans biſcuit dans les affaires
dangereuſes , & les abandonner
apres quands ils ſont au milieu des
perils, & qui fait profeſſion ouuerte d’imiter le ſinge , qui tire les
marrons du feu auec la patte du
chat; & ie m’eſtonne infiniment
de ce que l’Italie , qui comme chacun ſçait, s’eſt proſtituee à toutes
les nations eſtrangeres, contre-fait
tellement la chaſte auec moy, que
ſoudain qu’elle me voit remuër,
elle entre en ialouſie, & en appre-
henſion, que ie ne luy vueille oſter
ſa liberté. Et encores que la gran-

deur, à laquelle le Royaume de
France eſt remonté, tienne en ſeu-
reté l'Italie, & tous les Princes dõt
i'ay parlé; neantmoins ie veux encores leur teſmoigner par effect
que ie n'ay point de deſſein de les
offencer, & à ceſte fin i'offre de leur
donner des oſtages pour aſſeurance de ma parole, pourueu qu'il
plaiſe à voſtre Maieſté faire fermer
ce malheureux cauthere. La Monarchie d'Eſpagne ayant finy ſon
diſcours par le commandement
d'Apollon, le cauthere dont elle ſe
plaignoit fut incontinent viſité
par les Medecins Politiques, leſquels apres l'auoir bien conſideré,
raporterent que la Monarchie
Eſpagnolle eſtant trauaillee d'vne
fieure continuë de dominer, elle
auoit beſoin de ce cauthere, pour

purger les humeurs craſſes, qui luy
tombant du Perou en l'eſtomac,
cauſoient la ſoif extreme qui la
tourmentoit, & ces braues & ſça-
uans Medecins conſideroient que
ſi ceſte Monarchie n'auoit point
ce cauthere, il ſeroit à craindre que
les pernicieuſes humeurs du Perou
ne montaſſent au cerueau de l'Italie, & ne ruinaſſent ſes principaux
membres qui ſont demeurez en liberté, & que la Monarchie d'Eſpagne ne tombaſt en l'hydropiſie
d'vne Monarchie vniuerſelle ; à
quoy ces Medecins dirent que le
cauthere de la Flandre remedioit
fort bien, & partant ils conclurent qu'il falloit le tenir ouuert,
tant que le Perou enuoyroit ſes
humeurs à la Monarchie d'Eſpagne.

Ceſte reſolution luy deſpleut extremement, c'eſt pourquoy elle repliqua tout en colere: SIRE, Puis que par la malice d'autruy, ie ſuis contrainte de conſommer ma vie & mes biens, pour donner de l'onguent à ce chancre, que mes ennemis appellent cauthere diuer‑ ſif; tel n'y penſe pas qui y mettra des emplaſtres. Les François, les Anglois, & les Italiens, entendi‑ rent bien ce qu'elle vouloit dire, & ils repliquerent qu'ils ne crai‑ gnoient rien, parce qu'ils n'en‑ uoyoient en Flandre que le rebut, & la lie de leurs Eſtats, ou au con‑ traire les Eſpagnols y conſom‑ moient leurs richeſſes, & y reſpan‑ doient leur plus precieux ſang, & ils adiouſterent, que pour s'aſſeu‑ rer contre la redoutable puiſſance

des

des Eſpagnols, & contre leur ambition qui n'a point de bornes, les
François, Anglois, Allemans, &
Italiens, eſtoient obligèz de ſuiure
le conſeil de Tacite, vray hypocrite Politic, qui dit qu'il faut chaſſer
la guerre loing de ſon Eſtat, & la
nourrir par artifice chez les eſtrangers.

---

*Les Eſpagnols entreprennent la
conqueſte de Sabioneda laquelle ne leur reüßit pas.*

CHAP. V.

LEs Princes Italiens s'eſtans
ſeruis des Eſpagnols, pour
chaſſer les François de Milan, les
Eſpagnols y ont pris vn tel pied,

D

que par aucune force on n'a peu
depuis les en faire sortir. Tous les
Potentats de l'Europe, & particulierement les Princes d'Italie ayans
recogneu que les Espagnols, apres
auoir mis les Milanois en seruitude, aspiroient à l'Empire de toute
l'Italie, & voulant mettre en asseu-
rance ce qui y reste de liberté, firent vne assemblee, en laquelle ils
resolurent que de vingt-cinq ans
en vingt-cinq ans, Commissaires
seroient deputez pour mesurer la
chaisne que les Espagnols font faire pour tenir l'Italie en captiuité.
Or depuis quelques iours ceste
chaisne ayant esté mesuree, elle
s'est trouuee augmentee de cinq
anneaux, dont le premier a esté
fait à Piombino; le second à Final;
le troisiesme à Corregio; le qua-

triefme à Portolungone, & le dernier à Monaco. Comme lon a recogneu par la façon du fer dont ces cinq anneaux ont efté faicts; cefte nouueauté a infiniment eftóné tous ces Princes, & mefme leur a mis la honte fur le front, voyans que par leur imprudence & mauuaife conduite , les Efpagnols auoient plus augmenté la feruitude de l'Italie pendant la paix, qu'ils n'euffent peu faire auec quatre armees pendant la guerre: & ces progrez ont fait entrer en vne telle colere les Princes Italiens contre les Efpagnols, qu'ils leur ont declairé ouuertement, que s'ils ne vouloient demeurer dans les termes de l'honnefteté & de la modeftie, au cas que les limes Italiennes ne fuffent pas fuffifantes pour

D ij

remettre ceſte chaiſne en ſon ancienne meſure, ils employeroient
celle des François; & que ſi celles-
là n'en eſtoient encores capables,
ils ſe ſeruiroient de celles d'Allemagne, & d'Angleterre, & qu'à toute extremité ils feroient prouiſion
des limes damaſquinees qui ſe
font en Leuant. Pendant que les
Princes Italiens eſtoient ſur ce different, il arriua vn Courrier qui
venoit d'Italie, auec aduis certain
que les Eſpagnols faiſoient faire
dans Sabioneda encores vn autre
anneau pour adiouſter à la chaiſne
de leur captiuité. Ceſte nouuelle
fut cauſe que la Sereniſſime Republique de Veniſe ouurit ſon Arſe-
nal tant renommé: & pour le meſme ſubiect tous les Princes Italiens
ſe firent armer: La Monarchie de

France, comme grande guerriere, commanda à fa Noblesse de monter à cheual : toute l'Allemagne se mit en deuoir de passer les Monts : les armees des Anglois, Holandois, & Zelandois, s'aduancerent deuers le destroit de Gibraltar : Et comme tout le monde estoit en armes, arriua vn autre Courrier, lequel apporta vn aduis qui appaisa tous les esprits, car il dit que veritablement les Espagnols auoient fait tout ce qu'ils auoient peu pour adiouster à la chaisne de l'Italie l'ãneau de Sabioneda, mais qu'ils auoient trauaillé inutilement, parce qu'en le voulant souder il s'estoit rompu.

Thomas Morus Anglois demande à Apollon quand les hereſies ceſſeront.

CHAP. VI.

THOMAS Morus Anglois, qui fut honoré par Apollon le premier iour qu'il fuſt receu à Parnaſſe, du tiltre de tres-ſçauant, & tres-homme de bien, vit en ceſte Cour extremement affligé, à cauſe des hereſies qui ont cours en ſon pays, & ailleurs, ſe plaignant de ce que ceux qui les ont ſemees, ont eſtouffé la vraye pieté Chreſtienne, & ont mis en vne horrible confuſion les

chofes facrees & profanes. Il a vn
fi grand zele pour l'Eglife de Dieu,
qu'à mefure qu'il voit croiftre les
diffentions en matiere de Religion, fon affliction augmente auffi ; de forte qu'il pleure continuel-
lement le malheur de fon pays, &
la malice des mefchans qui le fe-
duifent. Hier au matin ce grand
perfonnage fe prefenta à Apollon, & le fupplia de luy faire fçauoir quand l'Eglife pourroit voir
la fin des herefies qui la trauaillét,
& que les hommes ont fait naiftre,
ou par ambition d'acquerir , ou
par la crainte de perdre , ou pour
le defir de fe venger.

A quoy Apollon refpondit,
que les herefies cefferoient lors
que les Efpagnols fe contentans
de leur Efpagne, ne donneroient

plus de ialousie à personne, &
qu'en Allemagne la Serenissime
maison d'Austriche borneroit son
ambition dans le Comté Dauf-
purgh, qui est son ancien patrimoine, parce que les heresies ayans
commencé par la Ligue que quelques Potentats ont fait contre la
grandeur de la maison d'Austriche,
elle prendroit fin aussi tost qu'elles
auront perdu la cause qui leur a
donné naissance.

Les Reformez se reuoltent contre leurs Reformateurs.

CHAP. VII.

I L y a trois iours que ceux qui sont subiets à la nouuelle & rigoureuse reforme qui se fait maintenant à Parnasse, firét vne sedition, & coururét les armes & le feu en la main, au quartier de leurs Reformateurs, en intention de brusler leur logis, & de les enseuelir dedans les flammes. Aussi tost que les Reformateurs en eurent le vent, ils se fortifierent dans leur maison : & incontinent les assiegez , & ceux qui

eſtoient en la ruë, faiſans voller les
vns ſur les autres vne groſſe greſle
de fleſches, commencerent vne
cruelle & ſanglante eſcarmouche:
& la rage de ceux de dehors paſſa
ſi auant, qu'ils eurent la hardieſſe
de mettre le petard à la porte pour
la forcer. Apollon ayant eſté aduerty de ce deſordre, pour empeſcher qu'il n'y arriuaſt du malheur,
y depeſcha promptement la compagnie des Poëtes Prouençaux,
conduite par le grand Ronſard,
François de nation, & luy commanda de faire ſçauoir à ſes mutins
de ſa part, que ſa volonté eſtoit,
que ſoubs peine de perdre l'entrée
des Bibliotheques, & d'eſtre declarez ignorans, ils euſſent à appai-
ſer la ſedition qu'ils auoient exci-
tee, & à l'aller trouuer pour luy de-

clarer les caufes de leur mefconten-
tement. Auſſi toſt qu'ils ſceurent
le commandement qu'Apollon
leur faiſoit, ils y obeïrent, & s'e-
ſtans preſentez deuant luy, il leur
dit, auec vn aſſez mauuais viſage:
Eſt-ce vous infolens, qui voulez
croupir dans les defordres, & les
abus d'vne vie licentieuſe, & qui
trauerſez le deſſein de ceux, qui par
vne faincte reforme, vous veulent
faire obferuer la regle que vous
deuez tenir pour bien viure.

Sire, refpondit l'vn de ces
Reformez, nous recognoiſſons
que nos deffauts font grands, que
le nombre en eſt infiny, & qu'ils
meritent d'eſtre corrigez, & tant
s'en faut que nous haïſſions les
Reformez & les Reformateurs,
qu'au contraire nous les aimons

infiniment : mais ce qui nous a fait
prendre les armes, est que nous
auons recogneu que la vraye fin
de nos Reformateurs est du tout
differente des pretextes qu'ils
prennent pour establir leur reforme ; car si ceux qui nous veulent
reformer nous tesmoignoient par
effect qu'ils affectionnent nostre
salut, nous nous soufmettrions
aussi librement à la reforme ; que
tout homme d'honneur doit se
porter à l'exercice de la vertu : mais
il y a long-temps que les mauuais
traictemens que nous auons receu,
nous ont appris que ces reformes
n'ont pas esté introduites par charité, & que la fin de leur institution
n'est autre, que de maintenir à nostre confusion, la reputation de
ceux qui nous reforment, lesquels

croyent auoir parfaictement re-
medié aux maux dont le monde
est affligé, par l'apparence de leurs
sainctes intentions; ce qui a tellement scandalisé, tant ceux qui viuent bien, que ceux qui sont subiects à correction, que nous pouuons dire veritablement à voftre
Maiefté, que les reformes d'auiourd'huy difforment pluftoft les
bons, qu'elles ne reforment les
meschans : car eft-ce pas vn tres-
mauuais procedé, que de vouloir
conferuer fa reputation aux defpens de celle de fon compagnon?
eft-ce charité que de defcouurir
nos deffauts; & par ce moyen nous
faire perdre la bonne opinion auec
laquelle nous auons roufiours vefcu, encores que noftre vie ne fuft
pas fi innocente, & que nos

mœurs n'euſſent pas ceſte grande
pureté dont ces Reformateurs ſe
vantent, que toutes les boëttes de
leur boutique ſont plaines, que
s'ils ont tant de bonne volonté
pour nous, qu'ils ne puiſſent voir
vne paille deſſus noſtre veuë ſans
nous en aduertir, pourquoy ne ti-
rent-ils point de leurs yeux la groſſe poutre qui les aueugle; Quelle
eſpece de charité, de faire ſemblant
d'auoir pitié du malheur d'autruy,
& negliger de remedier à ſes propres miſeres. Mais ce qui nous touche le plus, c'eſt que lon com-
mence la reforme par les plus petits, & par les plus abiects de tout
ce qu'il y a d'hommes de Lettres à
Parnaſſe, au lieu de s'addreſſer aux
plus grands eſprits, qui ſe ſont auſſi
bien qu'eux, laiſſez aller à la cor-

ruption du siecle, car voftre Majefté voit que nous fommes pour la
plufpart Medecins Grammairiens,
& Correcteurs d'Imprimerie, &
que la mifere de noftre condition
nous reduit à viure des conceptiós
que nous allons mandiant des ef-
crits des Poëtes Latins ; ce qui eft
caufe que les hommes vertueux
qui font foubs voftre Empire, ont
plus de pitié de nous, qu'il ne nous
portent d'enuie : mais s'il plaift à
voftre Maiefté que nous parlions
felon nos fentimens, & que nous
mettions à part tout refpect & toute feinte, nous luy dirons que ce
qui a introduit la corruption dans
l'Eftat de Parnaffe, eft l'ambition
de Senecque : la vie libertine
de Martial , les larcins d'An-
tonius Gallus , la perfidie d'A-

riftote , la volupté de Tibulle &
Catulle, les maquerelages & les
autres impuretez d'Ouide; & parce que ces perfonnages ont grande authorité à caufe de leur doctrine, il femble que les Reformateurs
ayent peur de les offencer. Tellement que pour guarir vn corps
qui a receu des playes mortelles en
tous fes membres, ils fe conten-
tent de donner vn appareil aux cals
qu'il a aux pieds, & de baigner fes
talons auec de l'eau rofe. C'eft vne
grande cruauté de mettre le fer à
vne bleffure, fans fçauoir comme
il la faut penfer; & nos Reformateurs tombent en cefte faute, car
encores qu'il y ait vn fi long temps
que les vices ont corrompu les
bonnes mœurs , qu'il femble que
le mal foit de noftre nature, & de

noftre

noftre effence, & que tous les hommes foient naiz boiteux & eftro-
piez ; neantmoins ces Meffieurs
s'imaginent qu'ils pourront en
quatre iours faire marcher droict
celuy qui eft nay boiteux, ou à qui
cefte incommodité eft arriuee par
accident. Les hommes fages & aduifez tiennent pour maxime, qu'il
vaut mieux diffimuler les vieux
abus, & les maux qui font fans remede, que de les aigrir en les voulant reformer : car c'eft chofe de
mauuaife exemple, & de dange-
reufe confequence, d'aller defcouurir vn deffaut, dont perfonne
n'auoit cognoiffance, & publier
vne incommodité qui ne paroif-
foit pas : ceux qui ont de la charité
guariffent les maladies auant que
de les defcouurir; & c'eft vne mau-

E

uaiſe action que de deſchirer la re
putation de ſon prochain. Mais
Sire, le comble de nos affliction
eſt, que ceux qui ſont pleins de ri
cheſſes, propoſent la reforme à
ceux qui meurent de faim : ceux
qui ſont tous les iours grand
chere, à ceux qui manquét de tou
ce qui leur eſt neceſſaire; & ceux
qui regorgent de moyens, à ceux
qui ont donné du pied aux biens
du monde, aux grandeurs & à
l’ambition : & s’il eſt vray, comme
on ne peut douter, qu’vn Medecin
qui eſt ſubiect à faire des exceds de
bouche, a de la peine à perſuader
à vn malade qu’il faut faire diette,
quel fruict pouuons nous tirer de
ceſte reforme, puis que nous ſça-
uons, & que tout le monde voit,
que nos Reformateurs ont en hor-

reur ceſte regle de bien viure, qu'ils
veulent que nous obſeruions? Les
petits dreſſent leurs actions ſur
celles des grands, & le bon exemple qu'ils donnent a plus de pouuoir pour porter les hommes à
vne vraye reformation, que toute
autre choſe; car le chef eſtant gua-
ry, tous les membres s'en ſentent:
& au contraire, celuy qui pour
chaſſer la migraine ſe laue les
pieds, perd ſon huille & ſes vn-
guents. C'eſt pourquoy afin que
noſtre ſainéte reforme reüſſiſſe au
contentement de tous les gens de
bien, nous ſupplions tres - hum-
blement voſtre Maieſté, de nous
accorder vne grace, qui ne nous
peut eſtre refuſee à toute rigueur;
c'eſt qu'il nous ſoit permis de repreſenter à Meſſieurs nos Refor-

mateurs, ce que nous trouuerons
à propos, tant pour le bien public,
que pour ce qui regarde leur honneur, & leur reputation, & qu'ils
ayent vne fouueraine authorité
deffus nous pour corriger nos vices, à condition qu'en ce que nous
ferons, nous ne paffions point les
bornes d'vne faincte affection , &
que de leur cofté ils nous rendent
tous les effects d'vne vraye charité:
la reforme prenant vn fi bon chemin, produira en nous l'amende-
ment de noftre vie , & l'exercice
des bonnes mœurs. Plufieurs des
affiftans trouuerent que celuy qui
auoit parlé, auoit vfé d'vne trop
grande liberté en la prefence d'A-
pollon, toutesfois fa Maiefté loüa
fa propofition, & la iugea pleine
d'equité; & s'eftant fait mettre en-

tre les mains les memoires que les
Reformez en auoient dreſſez , il
leua l'audience , & apres decerna
vne Commiſlion , par laquelle il
renuoya à ſon Conſeil d'Eſtat la
cognoiſſance de ce different, pour
le iuger ſouuerainement. Apres
que ce procez euſt eſté longuemét
agité de part & d'autre , encores
qu'il y euſt quantité d'aduis pour
les Reformez , neantmoins le iugement paſſa en faueur des Reformateurs. C'eſt pourquoy les Reformez ayans eſté appellez en la
ſalle du Conſeil , Iacques Meno-
chia Preſident de la compagnie,
leur dit tout en colere, Vous auez
eſté ſi impudens que de vouloir reformer ceux qui ſont plus que
vous,& pour voſtre temerité,vous
eſtes declarez criminels de leze

Maiefté : car il faut que vous fça-
chiez que ceux qui ont droict de
vous reformer, ne font point fubiects à la reforme, & que c'eft ren-
uerfer l'ordre de la raifon ciuile,
que de vouloir faire perdre aux
moufches l'hypotecque fpeciale
qu'elles ont fur les bœufs maigres :
les hommes fages ne fe laiffent pas
emporter à leurs caprices, & à leurs
fantaifies, mais fe gouuernent felon les regles de la nature, laquelle ayant trouué bon que les gros
poiffons mangent les petits, nous
enfeigne que leurs reformes font
faites pour les coquins, & non
pour les perfonnes de qualité.

Les François demandent le se-cret de la composition des gands d'Espagne.

CHAP. VIII.

I L y a vne si grande ia-lousie entre les Fran-çois, & les Espagnols, que par vne mutuelle enuie les vns bruslent du desir d'acquerir les perfections que les autres possedent: Et dau-tant que la composition de l'am-bre, & autres bonnes odeurs, des-quelles les Espagnols parfument leurs gands, est vne inuention qui leur est particuliere. Les François ont recherché tous les moyens

d'en faire de femblables, & pour
cet effect ont fait prouifion de
mufc, d'ambre, de ciuette, & autres
parfums qui viennent de Leuant,
mais toute leur defpenfe & leur
peine ayant efté inutile, & fe voyás
hors d'efperance de pouuoir faire
reüffir leur deffein, pour dernier
recours ils s'addrefferent à Apollon, & le fupplierent de leur enfei-
gner comme il falloit faire cefte
compofition. Cefte priere donna
plus d'enuie de rire à Apollon, que
ne fit la cheute du malheureux De-
dale. Doncques il commanda à fes
Preftres de fentir de quelle odeur
eftoient les mains des François, &
ayant apris par leur raport qu'elles fentoient bon ; il refpondit aux
François, que quand la nature
auoit donné vn deffaut à quel-

qu'vn, elle le donnoit en recompenfe de quelque rare perfection, & que fuiuant cela elle auoit donné feulement aux Efpagnols le fecret de faire des gands de bonne odeur, parce que leurs mains eftoient extrememment puantes.

La Monarchie d'Efpagne va à l'Oracle de Delphes, pour fçauoir fi elle n'obtiendra iamais la Monarchie de l'Vniuers, & elle a mauuaife refponfe.

CHAP. IX.

IER matin, deux heures auant le iour, la Monarchie d'Efpagne partit fecrettement de Par-

naſſe dans vn caroſſe tiré de ſix
cheuaux, ayant ſeulement auec elle
quelques-vns de ſes alliez. Cela
dóna de la ialouſie à tous les Princes, & toucha ſi viuement la Monarchie de France, qu'elle prit la
poſte pour la ſuiure, afin de deſcouurir ſon deſſein, elles arriuerent
preſques en meſme temps à Delphes, & la Monarchie d'Eſpagne
s'eſtant preſentee à l'Oracle d'A-
pollon, elle luy fit ceſte demande,
comme lon a ſçeu par ceux qui y
eſtoient preſens. O eternelle &
claire lampe du monde, œil droict
du Ciel, qui auec la lumiere nous
apporte toutes ſortes de biens, tu
ſçais qu'il y a long temps que ie
porte mes penſees à l'Empire de
l'Vniuers, auquel le peuple Romain eſt autresfois paruenu: Tu

sçais combien i'ay respandu de
sang, & quelle profusion i'ay fait
de mes tresors pour en venir là, Tu
cognois combien i'ay veillé, & ce
que i'ay fait par mes artifices pour
executer ce dessein : & tu sçais encores que ie me vis il y a quelque
temps , à la veille d'atteindre au
but de mes desirs, lors que par la
valeur de ma nation, par l'addresse
de mon esprit, & par la puissance
de mes pistolles , i'allumay dedans
la France les guerres ciuiles, auf-
quelles i'auois mis toutes mes esperances, il ne me restoit autre
chose que de ioindre Naples à Milan, à quoy si ie puis iamais paruenir, ie pourray bien me vanter d'a-
uoir gagné la partie. Mais puis que
par mon malheur, ou par les difficultez qui s'opposent à vne si gran-

de entreprise, ou par la puiſſance
de ceux qui ſe ſont declarez contre
moy : les troubles que i'auois pendant vn ſi long temps nourry entre les François, nonobſtant ma
reſiſtance, ont pris fin en vn mo-
ment, & ont produit vne paix, le
ſouuenir de laquelle me fait creuer
de deſpit, dautant que ce mauuais ſuccez m'a fait deuenir la fable
de tout le monde, afin de ne point
ceſſer d'accroiſtre la deſolation, &
la miſere que i'ay cauſee à tous mes
peuples, depuis que mon ambition m'a fait conceuoir les deſſeins
que i'ay en l'eſprit : Ie me viens preſenter à voſtre Maieſté, pour la
ſupplier en toute humilité, de me
dire ſi le Ciel a deſtiné que ie poſſede vn iour l'Empire de l'Vniuers;
choſe que ie ſouhaitte auec tant de

paſſion, que c'eſt le but où tendent
toutes mes actions, & ie deſire en
eſtre eſclaircie, afin que i'en perde
l'eſperance ſi l'entrepriſe ne me
peut reüſſir, & que ie prenne courage, & mette le cœur au ventre à
mes Eſpagnols, ſi i'en puis venir à
bout: Car pour parler veritablement à voſtre Maieſté, qui a la cognoiſſance des plus ſecrettes penſees, i'ay ſouffert tant de trauerſes,
& par mer, & par terre, mes ennemis m'ont dreſſé, & me dreſſent
encore tous les iours tant de parties, & de trahiſons, que peu s'en
faut que ie n'aye le courage entierement abbatu. La Monarchie
d'Eſpagne ayant fait ceſte demande, le Temple ſe deſtacha de ſes
fondemens, la terre trembla, &
incontinent le Preſtre d'Apollon

prononça fes paroles. Auffi toft
que la nation Italienne aura efteint
les diuifions qui l'ont afferuie aux
eftrangers, elle reprendra fon ancienne grandeur, & poffedera de
nouueau la Monarchie vniuerfelle. La Monarchie d'Efpagne ayant
entendu cefte trifte refponfe, for-
tit du Temple toute en colere, &
demeura bien eftonnee, quand elle
apperceut la Monarchie de France:
toutesfois apres luy auoir fait les
complimens ordinaires, elle la prit
par la main, & la tirant à l'efcart,
elle luy defcouurit ce que l'Oracle
luy auoit refpondu, & l'aduertit
que puifque les Dieux vouloient
que la Monarchie vniuerfelle re-
tournaft de nouueau aux Italiens,
la France pourroit auffi toft rencontrer vn Iule Cefar, que l'Efpa-

gne vn second Scipion; & qu'il luy
sembloit que le meilleur conseil
qu'elles pouuoient prendre pour
asseurer leurs affaires, estoit de par-
tager l'Italie entr'elles ; elle s'offrit
de luy enseigner la recepte dont elle disoit qu'elle auoit heureusement fait l'experience sur les Indes, & l'asseura que par ce moyen
elles reduiroient la nation Italienne en vne telle extremité, qu'il n'en
demeureroit rien au monde que le
nom.

La Monarchie de France respondit à ce discours ; Auant que
nous parlions de ceste affaire, il
faut que la longueur du temps
m'ait fait oublier le malheureux
partage du Royaume de Naples,
que mon Roy louys X I I. fit auec
vous, car les François ne se laissent

pas offenſer pour la ſeconde fois ſi
facilement que vous vous eſtes
imaginez : pour le regard de la recepte que vous me propoſez pour
nous aſſeurer des Italiens, prenez-
là pour vous ſi vous la trouuez
bonne. Les François ne peuuent
gouſter la maxime d'Eſtat que
vous auez pratiquee aux Indes, de
rendre ce monde deſert, & chaſſer
les habitans des pays que vous
auez conquis : i'ay apris à mes deſ-
pens à me contenter de peu, pourueu qu'il ſoit bon, & c'eſt pourquoy ie fonde pluſtoſt ma puiſſance ſur le nombre de mes ſubiects,
que ſur la grandeur de mon Royaume, & pourueu que mes François viuent doucement auec quelques commoditez, ie n'empeſche
pas que les eſtrangers n'eſtabliſſent

leur

leur demeure sur les terres de mon
obeyssance : la bonne intelligence
des Italiens est vne affaire de longue haleine ; & vous sçauez par experience que les purgations que
lon prend pour se guarentir d'vne
maladie que lon craint, le plus souuent la font aduancer. Et ie veux
bien vous dire confidemment, suiuant l'inclination que i'ay à parler
auec franchise, que le dessein de
se rendre Maistre de l'Italie, n'est
pas si facile à executer que vous
pensez ; car quand ceste fantaisie
m'est montee en l'esprit, elle m'a
fort mal reüssi, & ie croy que vous
n'en aurez gueres meilleur marché
que moy ; car i'ay apris à mes despens que les Italiens ne peuuent
supporter l'empire des estrangers,
& qu'ils sont tousiours en disposi-

tion de le mettre en liberté, & bien
que comme des singes fins & ru-
sez, ils s'accommodent aux mœurs
de la nation qui leur commande,
ils gardent neantmoins tousiours
en leur cœur vne haine inueteree
contr'elle, & ils sçauent si bien des-
guiser leurs affections, qu'ils n'ont
pas si tost mis vne paire de haut de
chausse à la Seuilliane, ou vn grand
collet à la Françoise, qu'ils vous
font acroire qu'ils sont d'humeur
Espagnolle, & nous persuadent
qu'ils sont parfaictement bons
François; mais quand on en veut
venir à ce qui les touche de plus
pres, ils monstrent les dents : en
quoy ils ressemblent à ces Dames
qui emportent la peau à leurs
amans, à force de leur lisser & po-
lir le visage, & ne veulent iamais

confentir à ce qu'ils defirent d'elles. Croyez ce que ie vous dis, car
ie ne l'ay que trop experimenté, le
deſſein de ſubiuguer l'Italie ne
vous apportera à la fin que de la
honte & du dommage.

Apollon reforme les vertueux de Parnaſſe.

C H A P.   X.

POVR empeſcher les
extrauagances que les
Poëtes auec leurs ca-
prices publient tous
les iours, Apollon a eſtimé qu'il
eſtoit neceſſaire de faire vne reforme vniuerſelle contre tous les vertueux de ſon Eſtat, & particulie-

rement contre les Poëtes Italiens.
C'eſt pourquoy la grande authorité que la licence Poëtique s'eſtoit
donnee, a eſté reſtrainte aux termes de droict, & Apollon a commandé à tous les vertueux d'entre
les Latins, de iurer, & faire ſerment
entre les mains de Meſſer Donato
Guerino, Archipedagogue de la
Pedanterie, qu'ils obſerueront ſa
Grammaire de poinct en poinct;
& a impoſé de groſſes peines à
ceux qui y contreuiendront; &
bien que par vn decret general qui
deroge à toutes autres conſtitu-
tions, toutes immunitez, & priuileges, tant anciens que modernes,
ayent eſté reuoquez: toutesfois en
faueur de la ſeconde Partenopé,
les Neapolitains ont obtenu par
grace particuliere, de pouuoir

toufiours coniuguer auec le prete-
rit plus qu'imparfait.

---

*Philippes second, Roy d'Eſpa-
gne, apres vne longue diſpute
ſur ſes qualiteƵ, fait ſon
entree à Parnaſſe.*

CHAP. XI.

E puiſſant Roy d'Eſ-
pagne Philippes ſe-
cond, qui eſt arriué à
ceſte Cour il y a deux
mois, eut hier ſeule-
ment permiſſion de faire ſon entree publique & ſolemnelle, & ce
qui a cauſé ce retardement, eſt que
ſur quelques arcs triomphaux que

F iij

la nation Espagnolle a dressez, on
a trouué ces mots, *Philippo secundo*
Hispaniarum vtriusque Siciliæ, &
Indiarum Regi Catholico, Italiæ pa-
cis authori fælicissimo : Les Princes
Italiens n'ont pas trouué bon que
le Roy d'Espagne prist le tiltre
d'autheur de la paix d'Italie, & ont
requis que ceste qualité luy fust
rayee, disans qu'ils ne pouuoient
aduoüer qu'ils fussent redeuables
de la paix aux Espagnols, par ce
qu'ils l'acheptoient à beaux deniers comptans des Hollandois &
Zelandois. Ce differend a esté longuement disputé, & encores que
les Princes Italiens fissent bonne
preuue que les Espagnols ne deuoient pas se donner la gloire de
maintenir la paix en Italie, & que
le Roy d'Espagne ne manqueroit

pas de la troubler si les affaires qu'il a en Flandre ne diuertissoient ses armes. Ce neantmoins lors que ceste dispute estoit plus eschauffee, la Reyne d'Italie se seruit de sa prudence pour l'estouffer ; car ayant assemblé tous ses Princes, elle leur dit qu'ils deuoient donner quelque chose à la vanité des Espagnols pour se conseruer auec eux, & qu'ils ne deuoient point faire difficulté de leur accorder ce qui ne regardoit pas l'interest de l'Estat. Lon ne vit iamais Prince à Parnasse mieux suiuy que celuy-là, & on luy donna place entre les Monarques qui se sont plus signalez par la prudence aux actions de la paix, que par la valeur aux affaires de la guerre. Les hommes de Lettres furent estonnez de la deuise qu'il

prenoit, qui estoit vne plume à es-
crire, auec laquelle, au raport des
Historiens, il paroissoit qu'il auoit
fait plus de mal à la France, & aux
autres pays où il en auoit trouué
l'occasion, que l'Empereur Charles le Quint son pere, n'auoit peu
faire auec la plus grande partie des
canons de l'Europe. Le College
des Vertueux estima fort ceste deuise, & fut bien aise que lon co-
gneust qu'vne plume eust fait de
si grands effects entre les mains
d'vn homme qui auoit bien sçeu la
manier. Ce Prince a tousiours esté
traicté à Parnasse à la grandeur, &
les plus grands Monarques de
l'Europe ont tenu à grand honneur de le seruir: de fait le lendemain de son arriuee, ayant voulu se
faire faire le poil, la Reyne d'An-

gleterre luy tint toufiours le bacin
foubs la barbe, & le Roy de France Henry quatriefme, eftima que
ce luy feroit de la gloire de luy
pouuoir lauer la tefte; ce qu'il fit
auec tant d'addreffe, qu'il fembloit
qu'il fuft nay pour eftre de ce me-
ftier, encores que quelques malicieux ayent voulu dire qu'il luy la-
ua la tefte fans fauon, & auec vne
lefciue vn peu trop forte. Tous les
Vertueux de Parnaffe prefenterent
à ce grand Monarque diuers difcours en Poëfie, & en Profe, lefquels il receut & recompenfa libe-
ralement; & vn homme de Lettres
luy en ayant prefenté vn, où il luy
monftroit par quel moyen la noble Partenopé, & le beau Royaume de Naples, qui maintenant eft
plein de defolation, à caufe des

brigandages des gens de guerre,
des concuſſions des Iuges, des ty-
rannies des Seigneurs, & des Vice-Roys qui y ſont enuoyez d'Eſpagne pour s'engraiſſer, pourroit
reprendre ſon ancienne grandeur, il luy fit donner vingt eſcus d'or, & ayant mis ce diſcours
entre les mains de ſon Confeſ-
ſeur, il luy commanda de le garder, & d'en faire de l'eſtat, comme eſtant ſainćt & religieux:
mais vn Politique intelligent des
affaires du monde, luy en ayant
donné vn autre fort long, & tout
contraire au premier, qui luy
monſtroit le moyen qu'il falloit
tenir pour affliger le Royaume de
Naples plus qu'il n'eſt, & pour
le reduire à vne telle extremité,
que ce genereux Cheual, qui auec

peu de bon-heur a eu pour deui-
fe le fiege de l'Eftat, fans felle &
fans bride, portaft patiemment
le baft, & la fomme, & mefme
tiraft la charruë; il luy fit donner douze mil efcus de rente, &
le fit grand d'Efpagne; par ce qu'il
dit que ce difcours eftoit fait fuiuant les vrayes maximes de la Politique.

Tous les Princes, les Republi-
ques, & les Estats, sont mis
à la balance par Laurens
de Medicis.

CHAP. XII.

L A Republique Ro-
maine, depuis qu'elle
eut mis toute l'Italie
soubs ses loix, ayant
acquis en peu de téps
la Monarchie vniuerselle, à laquelle tant de Princes ambitieux ont
depuis aspiré : en vain les Estats, &
les Royaumes qui prirent leur naissance de la decadence d'vn si grand
Empire, craignant le mesme euenement, disputerent longuement

ſi vn Eſtat eſtant monté à vne telle grandeur, que tous les autres ſoient au deſſoubs de luy, & qu'il ne ſe puiſſe trouuer aucun Prince qui ait le pouuoir de luy reſiſter ſeul à ſeul, comme la Republique de Rome n'en trouua plus depuis qu'elle ſe fut renduë maiſtreſſe de toute l'Italie, il eſtoit impoſſible de s'oppoſer à ſa puiſſance, & d'empeſcher qu'il ne paruint à la Monarchie vniuerſelle, ſans auoir recours aux ligues, & aux allian-ces, dont l'experience a fait co-gnoiſtre que les effects ſont petits, & les eſperances vaines & imagi-naires, à cauſe de diuers intereſts des Princes, & des ialouſies qui naiſſent ordinairemét parmy ceux qui ſe ſont liguez enſemble. Ceſte diſpute fut ſuiuie d'vne excellente deliberation ; car ces Royaumes nouuellement establis , prenans exemple sur le malheur d'autruy, rechercherent les moyens d'euiter les calamitez qui estoient arriuees aux Potentats que les Romains auoient vaincus, & pour cest effect ils resolurent sagement , que de quinze ans en quinze ans , tous les Princes de l'Europe s'assemble-roient en vn lieu où leurs forces seroient pesees, & que par forme me de contre-poids, on donneroit vne mortification à celuy que lon trouueroit auoir acquis vne puis-sance qui peust donner de la def-fiance à ses voisins. Plusieurs grãds esprits ont eu la charge de tenir la balance pour peser les forces de tous les Estats en l'assemblee des Princes; mais depuis cent ans, ceste

charge a touſiours eſté exercee par
la Sereniſſime maiſon de Medicis,
& particulierement par le grand
Laurens de Medicis, du conſente-
ment de tous les Hiſtoriens, encores que beaucoup eſtimaſſent que
ceſte prerogatiue offenſoit la Ma-
jeſte des Papes, & la prudence des
Venitiens, & que cet honneur leur
eſtoit deu auſſi bien qu'à la Republique de Florence, comme n'ayāt
pas moins trauaillé qu'elle, à maintenir en eſgalité les forces desPrin-
ces, tant dedans que dehors l'Italie. Donc le premier iour d'Aouſt
tous les Princes de l'Europe ſe
trouuerent à Focide pour voir peſer les Eſtats les vns des autres, afin
d'acquerir par ce moyen la vrayo
cognoiſſance de leurs forces, & de
celles de leurs voiſins. On com-

mença par la Monarchie Aristo-
cratique du sainct Siege Apostolique, l'estat temporel de laquelle
ayant esté mis à la balance, on trouua qu'au lieu qu'au dernier poids
qui en fut fait, il ne pesoit que six
millions de liures, au iourd'huy il
monte à sept millions & demy, ce
que chacun a attribué à l'vnion qui
y a esté nouuellement faite du Duché de Ferrare. Cela estant fait on
leua vn rideau, & aussi tost appa-
rut le sacré cousteau à deux tran-
chans, placé entre l'authorité spi-
rituelle & la temporelle, & au milieu des deux puissances, clair comme le Soleil, lequel Dieu a mis entre les mains des Papes, & leur a
enuoyé du Ciel : & parce que le iugement des hommes ne peut bien
estimer vne chose de si grand prix,

au

au lieu de la peſer on ſe contenta
de l'honorer & de l'adorer. Les
ſept Electeurs mirent apres l'Empire Romain à la balance , lequel
peſoit autresfois, comme l'on vit
par les vieux Regiſtres , ſoixante &
dix millions de liures , & maintenant eſt reduit en vn tel eſtat , par
la façon de viure caſaniere, & de-
licieuſe de quelques Empereurs,
qu'il a perdu ceſte robuſte complexion qui le rendoit redoutable
à tout le monde , & eſt tombé en
vne maladie , qui apres vne longue ſieure quarte , s'eſt en fin con-
uertie en vne ſieure etique, laquelle ne luy a laiſſé que la peau & les
os. Cela toutesfois n'empeſche pas
que la groſſe maſſe de ſon corps ne
faſſe bóne mine en apparence. Car
afin que ſes plus grands deffauts

G

ne soyent pas cogneus à tout le
monde, les bonnes gens l’embel-
lissent au dehors de l’ancien tiltre
d’Augufte, & du nom majestueux
de Cefar; mais quand on vint à le
peser, on trouua qu’il estoit tout
vuide au dedans, comme de fait la
plume n’est pas si legere que le
nom d’vn Prince sans authorité est
vain: de sorte que le poids de l’Empire Romain ne monta qu’à quatre cens quatre vingt liures; ce qui
fit rougir de honte les Electeurs
Laïques, dautant que l’on croyoit
qu’ils l’auoient mis par leurs artifices en ce miserable estat, & qu’ils
auoient disposé les villes, & les
Estats dont ils n’auoient peu s’emparer, à se sousleuer contre l’Empire, & se mettre en liberté, afin que
les Empereurs n’eussent pas la puis-

fance de leur ofter par les armes,
ce qu'ils auoient iniuftement vfurpé. Ainfi l'Empire Romain, autresfois tant redouté, donnoit vn mi-
ferable exemple de la viciffitude
des chofes du monde, fe voyant
defpoüillé de fes Eftats par la malice, l'auarice & l'ambition de fes
fubiects, & reduit en vne chambre
locande, à fept efcus de penfion
par mois, qu'on luy donne pluftoft
par aumofne, que par forme de
tribut, & recognoiffance de fu-
periorité; ce qui eft caufe que la
Sereniffime maifon d'Auftriche
maintient la dignité Imperiale que
elle poffede, du reuenu qu'elle a
des grands biens de fon patrimoine. Et combien que cefte mifere
fift pitié à beaucoup de Princes,
toutesfois il s'en trouuoit d'autres

qui repaſſans par leur memoire les
inſolences des Henrys, les cruautez
des Federics, & les ſeditions, les
impietez & les brigandages que
pluſieurs autres Empereurs auoiét
fait en Italie, diſoient librement
qu'il ne falloit pas attribuer ceſte
calamité aux pilleries des Electeurs,
ny à l'infidelité des peuples d'Allemagne, mais que toutes choſes
bien conſiderees, on trouueroit
que pour conſeruer la paix publique, tous les Princes de l'Europe
auoient prudemment iugé qu'il
eſtoit neceſſaire de couper les grif-
fes, & arracher les principales plu-
mes des aiſles à ceſt Aigle, qui auoit
touſiours fait profeſſion de viure
de rapine, & qui s'eſtoit imaginé
que tous les peuples de l'Europe,
comme pigeonneaux du colom-
bier, luy deuoient ſeruir de proye:

Et plusieurs remarquerent que les Princes Italiens estoient bien aises de voir l'Empire Romain en ceste extremité, se remettans deuant les yeux combien de fois ils auoient esté indignement traictez par les Empereurs lors qu'ils auoient passé en Italie. L'Empire Romain ayant esté pesé, les Pairs de France mirent à la balance la florissante & la guerriere Monarchie de France, qui est vne machine quarree, longue de cent cinquante mille de tous costez : elle est pleine d'vne infinie quantité de Noblesse, bien armee, & bien à cheual, auec le secours de laquelle, non seulement elle conserue la paix entre ses subiects, mais aussi elle se rend redoutable à tous les peuples de l'Vniuers : elle a grand nombre de gés d'Eglise qui la rendent saincte &

religieuſe ; d'hommes de Lettres
qui l'embelliſſent ; de marchandi-
ſes & de manufactures qui l'enri-
chiſſent; de labourages qui la font
fertile & abondante : mais ce qui
cauſe plus d'eſtonnement, eſt de
voir que le Royaume de France eſt
vne terre qui ſe ſeme, & vne mer
qui ſe nauige à tous vents; l'ancien
poids de ceſte belle Monarchie,
eſtoit de vingt millions de liures:
& combien que depuis elle ait diminué, & que le dernier poids qui
en a eſté fait n'ait monté qu'à douze millions à cauſe des diuiſions
qui l'ont long-temps affligee par
la deſloyauté de ſes propres ſubiects. Neantmoins à preſent elle eſt
en ſi bon eſtat, qu'elle ſurpaſſe de
beaucoup ſon ancienne valeur, &
qu'elle peſe vingt-cinq millions:

ce qui a tellement eſtonné tout le monde, que les Eſpagnols ont voulu prendre leurs lunettes, pour regarder de prés ſi le poids eſtoit iuſte. L'ancien Royaume de France ayant eſté peſé, on a mis en la balance la nouuelle acquiſition de la Breſſe, laquelle a augmenté le poids de plus d'vn million de liures, dautant qu'elle confine la ville de Lyon, & qu'elle luy ſert de flanc & de rampart. Tous les Royaumes d'Eſpagne furent apres mis à la balance par les grands d'Eſpagne, & leur poids monta à vingt millions, non ſans cauſer de l'eſtonnement en l'eſprit des vieillards, qui ſe ſouuenoient qu'il n'y auoit que ſix vingts ans que ces Royaumes eſtoient de fort peu de conſideration. Les Eſpagnols fu-

rent bien contens du poids de
leur Eſpagne, & ſe perſuaderent
que mettans dans la balance tous
les autres Eſtats qui leur reſtoient
à faire peſer, ils ſurpaſſeroient de
beaucoup le poids de la Monarchie
Françoiſe. Donc ils mirent incontinent en la balance le Royaume
de Naples , mais au lieu qu'ils
croyoient qu'il augmenteroit le
poids au moins de deux millions,
tout le monde vit qu'il le diminua
d'vn milion & demy : dequoy les
Eſpagnols eſtans demeurez tout
eſtourdis , ils dirent qu'il falloit ou
que Laurens de Medicis euſt vſé
de fraude en faiſant ce poids , ou
que la balance ne fuſt pas iuſte, ne
pouuans s'imaginer cóme il eſtoit
poſſible que l'augmentation du
Royaume de Naples en la balance

fist diminuer les poids des Royaumes d'Espagne : & la colere es-
chauffant les Espagnols, ils en vin-
rent aux menaces ; disans que les
Medicis ne deuoient pas adiouster
de nouuelles offenses aux trauerses
qu'ils leur auoient donné en Flandre, à Marseille, & à Alger; à quoy
Laurens de Medicis respondit
froidement que sa balance estoit
iuste, & que le Royaume de Naples, l'Estat de Milan, & les Indes
ne pouuoient augmenter le poids
de l'Espagne, parce que Naples &
Milan sont trop esloignez des forces d'Espagne, & sont pleins de
peuples qui ne peuuent supporter
la domination des estrangers, &
que pour le regard des Indes elles
sont desertes, & n'ont personne
qui les habite, & que ce qui fait

augmenter le poids eſt la quantité
& l'affection des ſubiects , la ferti-
lité & l'vnion, & contiguité des
Eſtats les vns auec les autres. Laurens de Medicis touchant apres cela le particulier de Flandre,de Marſeille, & d'Alger , teſmoigna ſon
reſſentiment, & dit que lors que
les Eſpagnols demeureront dans
les termes de l'honeſteté, les gráds
Ducs de Toſcane les honoreront
& ſeruiront touſiours; qu'ils s'abu-
ſoient bien fort s'ils croyoiét auoir
le pouuoir d'oſter Florence aux
Medicis, comme ils auoient oſté
Milan aux malheureux Sforces,
qu'on ne mettoit pas les Eſtats en
depoſt comme l'or & l'argent en
intention de les reperer puis apres,
& que le merite d'vn bien-fait ſe
perdoit auſſi toſt qu'on teſmoi-

gnoit auoir deſſein de reprendre la choſe qu'on auoit donnee. Les Princes voyans que Laurens de Medicis, & les Eſpagnols ſe picquoient, rompirent ce diſcours, & dirent qu'il falloit continuer à peſer les autres Eſtats ; c'eſt pourquoy les Eſpagnols mirent à la balance la Duché de Milan, lequel diminua encores le poids des Eſpagnes d'vn million; ce qui les eſtonna tellement, qu'ils ne voulurent pas faire peſer la Flandre, de peur de receuoir vn plus grand affront: toutesfois on dit que s'ils euſſent mis les Indes à la balance, ils euſſent fait quelque bon effect, mais non pas tel que certaines gens nous veulent perſuader, qui diſcourent à pleine bouche des millions d'eſcus, de meſme qu'vn ou-

urier pourroit faire de ſes tuilles,
& de ſa bricque. Apres cela les Anglois mirent le Royaume d'Angleterre à la balance ; ce Royaume eſt
d'vne aſſiette admirable, car il eſt
tout enuironné de montagnes qui
luy ſeruent de bouleuards ; il eſt au
milieu de l'Occean, & a la commodité d'attaquer ſes voiſins par
la mer, & eſt aſſeuré des entrepriſes
des eſtrangers, à cauſe des difficultez qu'il faut ſurmonter pour y
prendre terre : le dernier poids de
ce Royaume eſtoit de quinze millions, & maintenant il ne monte
pas à neuf millions, & on croit
que ceſte diminution procede non
ſeulement de la malheureuſe apo-
ſtaſie de ce Royaume, mais auſſi de
ce que le Roy eſtant de nation
eſtrangere, & de nouueau venu à

la Couronne, il ne peut se mettre
en selle, & t enir le pied ferme dans
les estrieux de sa nouuelle Seigneurie, que par la longueur du temps.
A lors les Anglois pour augmenter
le poids du Royaume d'Angleterre, voulurent mettre en la balance
le Royaume d'Escosse, mais la Noblesse d'Escosse se presenta les armes en la main pour l'empescher:
disant qu'elle ne pouuoit souffrir
que l'Escosse fust vnie à l'Angleterre. Le Roy d'Angleterre ne s'es-
meut en aucune façon contre ceux
qui auoient parlé si librement en la
presence de sa Majesté, & de tous
les autres Princes de l'Europe qui
estoient là presens; mais il les asseura auec des paroles pleines de douceur, que ceste vnion seroit cause
de beaucoup de bien, à quoy les

Escossois repliquerent , qu'ils auoient encore deuant les yeux l'exemple deplorable des miseres de la Flandre , laquelle voyant ques ses Comtes estoient deuenus Roys d'Espagne , s'alla imaginer qu'elle commanderoit aux Espagnols , & au contraire incontinant apres la Flandre fut mise à sac par les Espagnols : & pour comble de malheurs , Charles cinquiesme Empereur , & le Roy Philippes son fils , qui estoient naturels Flamans , estans deuenus Espagnols, par le long seiour qu'ils firent en Espagne, les pauures Flamás apres auoir perdu leurs Princes , commencerent à estre tenus pour estrágers , & pour personnes dont la foy est suspecte : & par ce moyen la Flandre qui estoit le pays de Char-

les cinquiefme, & le patrimoine
du Roy Philippes, fuiuant les maximes de la moderne Politique, fut
diuifee en cinq Eftats, & gouuernee par des Eftrangers, ce qui caufa les ialoufies, les oppreffions,
& les nouuelles impofitions de
gabelles, fubuentions, contribu-
tions, & emprunts, lefquels firent naiftre la guerre ciuile, qui en
fin a afferuy la Flandre à l'auarice,
& à la tyránie des Efpagnols, apres
vne extreme profufion d'or &
d'argent, vne infinie effufion de
fang, fuiuie de la perte entiere de
l'honneur des Flamans, que les miferes qui font arriuees à leurs voifins, leur ont apris à ne point permettre que leurs Roys quittent
l'ancien fiege de leur Eftat, pour
le tranfporter en vn plus grand

Royaume de nouuelle acquifi-
tion, dautant que fi ce malheur
leur arriuoit que leurs Roys de-
uinffent Anglois, par le moyen de
l'vnion de l'Efcoffe à l'Angleterre,
les Anglois qui font les plus cruels
ennemis qu'ils ayent, leur feroient
fentir toutes les calamitez que les
plus puiffans ont accouftumé de
faire fouffrir à ceux qui ont moins
de force qu'eux, & en ce cas l'Efcoffe fe verroit reduitte aux mefmes extremitez qui oppriment la
Flandre; parce que les Anglois ef-
galeroient les Efpagnols en orgueil, en cruauté, & en auarice.
On a fçeu par le rapport de ceux
qui eftoient prefens, que les Efpagnols dirent au Roy d'Angleterre,
qu'il deuoit faire punir ces Efcoffois qui auoient parlé fi arrogam-
ment

ment deuant fa Maiefté , mais le Roy d'Angleterre leur refpondit, qu'ils ne deuoient pas luy donner vn confeil qui leur auoit fi mal reüffi : & ayant commandé qu'on laiffaft l'Efcoffe fans la pefer , il promit à fes Efcoffois de leur donner dans peu de temps toute forte de contentement. On mit apres en la balance le puiffant Empire des Ottomans , lequel pefa moins de feize millions, combien que le dernier poids qui en auoit efté fait montaft à trente deux millions : Cefte diminution eftonna tous les Princes , & principalement les Venitiens, qui ne pouuans croire vn fi grand dechet, defirerent qu'il fuft pefé pour la feconde fois, plus exactement que la premiere ; ce qui ayant efté fait, on

H

trouua que depuis le premier iufques au fecond poids, il eftoit encores diminué de huiĉt cens vingt
deux liures : en quoy lon recogneut que l'Empire des Ottho-
mans, qui iadis donnoit l'efpou-
uante à tout le monde, maintenant rongé par le ver du luxe, de
l'auarice, & de l'oifiueté, couroit
les yeux fermez à fa ruine : & quoy
que cela donnaft du contentement à tous les Princes, neantmoins on remarqua que les Efpagnols en eurent du defplaifir, pre-
uoyans que la Republique de Ve-
nife profiteroit du debris & dĕ la
cheute de cet Empire. Apres que
l'Empire du Turc eut efté pefé, les
Polonois mirent en la balance le
Royaume de Polongne : mais à
caufe des herefies qu'ils y ont laif-

fé entrer, du peu d'authorité que
le Roy y a, & de la trop grande
puiſſance que les Palatins ont vſur-
pee, le poids en fut fort leger, car
il ne monta qu'à ſix millions de liures, là où auparauant il peſoit
touſiours plus de douze millions.
Incontinent le College des Sages,
& le College des dix, mirent en
la balance la Republique de Veniſe, laquelle eſt paruenuë à la
grandeur où on voit qu'elle eſt
mótee par ſa prudence, & par l'aduantage de ſa ſituation, propre à
faire de grandes entrepriſes, ſon
poids fut de huiċt millions, ce
qu'on attribua à la grande eſpar-
gne que ces ſages Senateurs ont
faite pendant la paix. Cela fait,
les Suiſſes, les Griſons, & les autres peuples libres d'Allemagne,

H ij

porterent leurs Republiques à la
balance, & les Princes ayans defiré
qu'elles fuffent toutes pefees fepa-
rément, les Allemans le trouuerent bon, pouru.eu que cela fe peuft
faire. Mais Laurens de Medicis,
ayant mis en la balance la Republique de Bafle, il trouua que les
autres Republiques d'Allemagne
eftoient tellement attachees &
vnies auec elle, qu'il eftoit impoffible de les feparer ; ce qui donna la fieure à beaucoup de Princes
ambitieux. Donc Laurens de Medicis ayant efté contraint de pefer
toutes ces Republiques enféble, le
poids en fut fi fort & fi lourd, qu'il
ne peut iamais leuer la balance. Le
Duc de Sauoye fe prefenta puis
apres, & ayant fait mettre fon
Eftat en la balance par fes Cheua-

liers de l'Annonciade, il se trouua
qu'il esgaloit le dernier poids qui
en auoit esté fait ; mais Laurens de
Medicis ayant adiousté à la balance le tiltre d'honneur que le Duc
Charles Emanuel a acquis par sa
valeur, de premier Capitaine d'I-
talie, le poids augmenta d'vn million quatre cens vingt mil liures.
Alors le Duc de Lorraine se monstra auec vne pompe, & vne majesté semblable à celle des Roys ; &
quoy que son Estat soit petit,
neantmoins il esgala le poids des
grands Royaumes, ce qu'on attribua au bon-heur de ce Prince, lequel ayant le pouuoir d'incommoder les Pays-Bas, en empeschant le
secours que les Espagnols y me-
nent d'Italie, a acquis tant d'authorité & de reputation, qu'il

vend à l'encan au plus offrant &
dernier encherisseur, & au poids
de l'or, la commodité du passage
sur ses terres, & il conduit toutes
ses actions auec tant d'artifice,
qu'apres auoir fait pour les Espagnols autant qu'aucun Seigneur
François du party de la saincte Ligue, il a tourné brauement sa iac-
quette, & se mettant du costé des
François lors qu'il a veu qu'ils
auoiét du meilleur, a obligé Henry
le Grand, Roy de France ; le grand
Duc de Toscane, & le Duc de Má-
toüe, de rechercher son alliance : &
ce qui a accomply de tout point la
ialousie des Espagnols, est que la
Republique de Venise a pris à la
solde l'vn des Princes de ceste maison, auec tant d'affection, que si
ceste Sereniffime Dame n'auoit fait

vœu de perpetuelle chaſteté, & ſi
les Venitiens ialoux de ſa pudicité,
ne luy euſſent fait coudre les parties naturelles dés le iour qu'elle
naſquit, ſelon la couſtume de quelques Indiens, pluſieurs ont creu
qu'elle l'eut pris pour ſon mary. Le
Duc de Sauoye teſmoigna qu'il
enuioit le bon - heur du Duc de
Lorraine, en ce que ſon Eſtat eſtant
aſſis entre les François & les Eſpagnols de Milan, comme celuy
du Lorrain entre les François & les
Eſpagnols de Flandre, il ne reſſen-
toit pas les meſmes effects que luy,
ains au contraire auoit eſté mal trai-
té tant par les François alors ſes ennemis, que par les Eſpagnols, encores qu'ils fuſſent en bonne intelligence auec luy ; & tout le monde
iugea que le Duc de Sauoye auoit

H iiij

bien recogneu que l'amitié des Espagnols ne luy auoit apporté que
du dommage. Le conseil des huict
mit apres en la balance l'Estat des
grands Ducs de Toscane, lequel
est plein d'hommes d'excellent esprit qui ont tousiours trauaillé
pour establir vn bon gouuernement, & pour conseruer la tran-
quilité publique: C'est pourquoy
il pesa autant qu'aucune Monarchie pour grande qu'elle puisse
estre : & alors on remarqua au visage de Laurens de Medicis le contentement qu'il auoit de voir que
ses successeurs auoient basty de
fortes citadelles, suiuant la model-
le qu'en auoit laissé le grand Cos-
me, sur le fondement des Eglises,
& des Hospitaux que ses predecesseurs, & luy, auoient fait dresser,

pendant que la Republique de Florence viuoit en liberté. Incontinent Laurens de Medicis voulant
faire paroiftre la valeur & le merite
des Princes de fa maifon mit en la
balance le cerueau du grand Ferdi-
nand:mais l'effort d'vn poids fi ex-
ceffif rompit la groffe chaifne qui
la tenoit, de forte que tout fe brifa:
ce qui fit cognoiftre à tous les
Princes, que la Cour de Rome a le
priuilege, & la prerogatiue de produire les grands efprits, parce qu'ils
fçauoient tous que Ferdinand y
auoit efté nourry. La balance s'e-
ftant rópue,on ne peut pefer les autres Eftats d'Italie; C'eft pourquoy
il fut refolu, qu'en faifant fuiuant
l'ancienne couftume,le poids de la
Monarchie d'Efpagne, auec tous
les Princes & Potentats d'Italie,

lon regarderoit sur le poids general de tous les Princes Italiens, ce que chacun d'eux pourroit peser en particulier. Donc on apporta au milieu de la salle vne grande balance en laquelle on mit d'vn costé tous les Royaumes de la Monarchie d'Espagne, & de l'autre tous les Estats des Princes d'Italie, & il se trouua que le poids estoit esgal, & que la balance ne panchoit point plus d'vn costé que d'autre; dequoy les Princes Italiens estans infiniment affligez, ils furent tous estonnez qu'vn seul regard amoureux que la puissante Monarchie Françoise ietta du costé où ils estoient, leur fit emporter le poids au contentement de tout le monde. Il ne faut pas oublier que les Espagnols voyans que les Ducs

de Sauoye, qui la derniere fois n'a-
uoient pas voulu estre pesez auec
les Italiens, s'estoient mis dans la
balance auec eux, le menacerent
en se mordant le bout des doigts,
& que les Princes les ayans apper-
ceus en ceste action, leur dirent:
Messieurs les Espagnols, il n'est
plus temps de repaistre le monde
d'esperance, nous auons descou-
uert vos desseins, & nous souue-
nons si bien de ce que vous auez
faict par le passé, qu'à l'aduenir
nous voulons faire nos affaires à
part, & les marquer auec vn autre crayon que le vostre, car il
nous a trop gasté les mains ; &
ne croyez pas que les Ducs de Sauoye n'ayent bien recogneu vos
artifices, ils ne sont pas si hebe-
tez que de laisser aller le petit

pain de leur Eſtat qu'ils ont en la bouche, pour ſuiure l'ombre des grandes ſucceſſions d'Eſpagne qu'ils voyent au fond de l'eau : & dautant que les Eſpagnols ſe plai-gnoient de ce qu'on auoit peſé auec les forces Italiennes, les Ducs de Parme, de Modene, d'Vrbin, les Seigneurs de la Mirandole, & les Seigneurs Romains, Gaëtans, Colonnois, & Vrſins, qui ont l'ordre de la toiſon, & tirent pen-ſion d'eux, & par conſequent ſont obligez de s'attacher à leurs inte-reſts, & d'eſtre Miniſtres de leur grandeur : on leur reſpondit, que les Princes & Seigneurs Italiens receuans l'ordre de la Toiſon, & prenant leurs penſions, reſſem-bloient à ces honneſtes femmes, qui par courtoiſie reçoiuent des

preſens de leurs ſeruiteurs, & pourtant ne leur permettent aucunes
priuautez qui puiſſent bleſſer leur
honneur.

Pourquoy la Monarchie d'E-
ſpagne s'eſt retiree dans ſon
Palais.

CHAP. XIII.

LA Monarchie d'Eſpa-
gne ayant demeuré
pluſieurs iours enfer-
mee dans ſon Palais,
ſans ſe monſtrer, les
Princes Italiens, & entr'autres les
Venitiens, qui obſeruent curieu-
ſement toutes les actions, & recherchent diligemment toutes lés

penſees de ceſte grande Reyne, en
prirent l'alarme , & creurent que
cela ſe faiſoit auec quelque deſſein,
dont ils n'auoient point la cognoiſſance. Les Venitiens ne pouuans demeurer plus long temps en
attente, planterent les eſchelles au
Palais de la Monarchie d'Eſpagne,
& eſtant entrez dedans par la fene-
ſtre, virent qu'elle eſtoit fort em-
peſchee, & qu'elle trauailloit en
cachette auec vn de ſes Miniſtres
nommé le Comte de Fuentes, à
boucher tous les trous de ſa maiſon. Alors les Venitiens preuoyant
l'intention de la Monarchie d'Eſpagne , manderent à tous leurs
amis qu'ils euſſent à tenir leurs armes preſtes, parce qu'auſſi toſt que
les Eſpagnols auroient fermé les
trous par où il vient du ſecours, ils

se mettroient à chasser aux souris,
& en feroient vn grand carnage.

***

*Le Duc d'Albe, nouuellement
arriué à Parnasse, vint aux
mains auec Prosper Collonne,
pour ne luy auoir pas donné,
en luy faisant le compliment,
les tiltres qui sont deubs aux
Collonnois.*

CHAP. XIV.

DOM Fernand de Tole-
de, Duc d'Albe, estant
arriué à Parnasse y a
quelque temps, apres
que par le commandement d'A-
pollon, les hommes de guerre eu-

rent faict l'information de fa vie
& mœurs, il fut iugé qu'il meritoit d'eftre receu au nombre des
renommez Capitaines, qui ont
mieux aimé vaincre leurs ennemis
par fineffe, & par patience, fans
perte de fang, qu'expofer la fortune d'vn Royaume, auec la force
ouuerte & beaucoup de courage à
l'euenement douteux d'vne batail-
le ; mais fa reception fut differee à
caufe d'vne plainte que Louys
Guicciardin excellent efcriuain des
affaires de Flandre fit contre luy,
pour raifon de quelques mauuais
traictemens qu'il auoit receus de
luy , pour auoir efcrit quelque
chofe dont il s'eftoit offenfé , en
quoy il auoit encouru la peine
d'infamie portee par les Edicts
d'Apollon, contre les Princes, ou

les

les particuliers qui se sont ressentis
de ce que les Historiens, ou autres
Escriuains ont escrit contre leur
honneur, quand ils n'ont dit que
ce qui est veritable. Toutesfois le
Duc employa tant d'amis aupres
de Louys Guicciardin, qu'il con-
sentit à se desister de sa plainte, &
de l'accusation qu'il auoit formee
contre luy, de laquelle il auoit de
la peine à se purger, & par ce
moyen il fut admis à Parnasse, auec
les plus grandes solemnitez que
lon peut imaginer, & eut vne place d'homme d'armes en la compagnie de sa Maiesté commandee par
le renommé Quinte Fabie le grãd,
qui pour sa prudence a esté nommé le Cunctateur. Or le Duc ayãt
visité entre autres Princes & Seigneurs, l'Excellentissime Seigneur

Prosper Colonne ; il fut receu chez luy auec toute sorte d'honneur, car le Colonnois sçauoit que le Duc faisoit profession d'estre lent, & tardif comme luy aux actions de la guerre, & de conduire ses desseins auec moins de hardiesse, & plus de seureté : mais il arriua vn malheur en ceste visite, dautant que dés le premier abord, le Duc n'ayant point donné d'autre tiltre au Seigneur Prosper Colonne, que celuy qu'il eut peu donner à vn simple Gentilhomme, il s'en sentit offensé, & luy dit tout en colere, Ie croyois que vous fussiez venu icy plustost pour honorer, que pour mespriser vne personne qui est plus que vous ; mais puisqu'il en est arriué autrement, sortez de ma maison; ie vous mon-

Il y a dans l'original Italien, Vestra merce, qui est le tiltre que les Espagnols donnent aux simples Gentils-hommes.

ftreray les armes en la main, que
les Colonnois ont accouftumé de
refpondre par les effects, aux iniures qu'on leur fait de paroles, &
que ceux qui fçauent fi mal comme il faut viure auec les hommes
de ma condition, font indignes
de paroiftre entre les gens d'honneur. Le Duc demeura eftonné de
la refolution du Colonnois, &
voulant refifter à l'effort que le
Seigneur Profper Colonne faifoit
pour le mettre hors de fa chambre:
il vint aux mains auec luy; les Efpagnols qui eftoient de la compagnie du Duc, accoururent incontinent à fon fecours : les Italiens en
firent autant pour leur Maiftre, &
eftans tous entrés dans cefte chambre, il s'y alluma vne fi groffe querelle, le bruict de laquelle eftant

venu iufques en la ruë, Apollon
en fut auffi toft aduerty, fa Majefté voulant empefcher le mal qui
pouuoit arriuer de cefte difpute, y
depefcha en toute diligence la
compagnie des Archers de fa garde, lefquels ofterent le Duc des
mains du Seigneur Profper Colonne, & ayant appaifé la rumeur,
commanderent aux Efpagnols qui
auoient efté fort mal traictez, de
retourner en leurs maifons. Incontinent le Seigneur Profper Colonne alla trouuer Apollon, auant que
perfonne luy euft peu parler à fon
defaduantage de ce qui eftoit arriué; & on a fçeu depuis, qu'il luy
dit auec beaucoup de reffenti-
ment. SIRE, il n'y a perfonne qui
cognoiffe la dignité de la maifon
des Colónois, qui ne fçache qu'el-

le ioüiſſoit du tiltre d'Excellenee
auant que les Eſpagnols fuſſent au
monde; cela eſt cauſe que ie ne puis
ſouffrir que ceſte nation prenne la
hardieſſe de meſpriſer ceux qui
ſont de ma condition, comme le
Duc d'Albe n'agueres a voulu faire en ma maiſon: car s'il eſt vray
que les iniures que nous receuons
de ceux qui ſont moindres que
nous, ſont bien plus griefues que
celles qui nous ſont faites par nos
eſgaux; il n'eſt pas poſſible qu'vn
Baron Italien de ma qualité, ſe
tienne dedans les termes de la mo-
deſtie, ſe voyant meſpriſé par ceſte
nation Eſpagnole, les miſeres de
laquelle faiſoient y a peu de temps,
tant de pitié à tout le móde, qu'on
les recommandoit par les Egliſes
à la charité des Chreſtiens, pour

trouuer moyen par les aumofnes
des gens de bien, de les tirer de la
feruitude des Mores de Grenade.
Les Efpagnols iouyffent de la
meilleure & plus grande partie de
l'Italie; & combien que tous les
Princes & les Seigneurs de ma
qualité, recognoiffent qu'ils tendent à les mettre en feruitude, & à
vfurper leurs Eftats, neantmoins
nous leur rendons toute forte
d'honneur, & mefmes employons
nos armes pour leur feruice, fans
confiderer que pour fouler leur
auarice, ils nous ont ofté ce qu'ils
ont peu de nos biens ; & que lors
qu'ils mirent la ville de Rome à
fac, ils rauirent l'honneur à nos
femmes chaftes & pudiques : mais
d'endurer qu'en recompenfe de
noftre patience, ils nous oftent ce

peu qui nous reſte d'honneur, &
qu'ils nous rauiſſent les reſtes de-
plorables de la reputation Italienne : c'eſt choſe que nous trou-
uons ſi inſupportable, que nous
tenons que tout homme d'honneur eſt obligé d'en prendre ven-
geance, non pas auec les plaintes,
comme ie fais, mais à coups de poignards. Ceux qui furent preſens à
ce diſcours ont raporté que comme le Seigneur Proſper parloit,
Apollo ſe mit à ſouſrire, & qu'on
remarquoit de l'allegreſſe en ſon
viſage, d'autant plus qu'il voyoit
que le Colonnois ſe mettoit en
colere, & que le Seigneur Proſper
s'eſtant laiſſé emporter à ſa paſſion iuſques à ce poinct, qu'il eut la
hardieſſe de dire, que le meſpris dès
Eſpagnols ne meritoit que des

coups de poignards: Alors Apollon se prit à rire tant qu'il peut, &
luy dit, Seigneur Prosper, vous
auez tousiours esté, & estes encore,
d'vne humeur trop prompte: & ie
suis contraint de vous dire, que ie
me sens tout scandalisé, de ce qu'e-
stát ce que vous estes, & ayát tous-
jours eu de la prudence en toutes
vos actions, vous vous faschez de
voir que les Espagnols soient si
pleins de vanité. Car comme on ne
trouue point mauuais que des es-
claues qui pendant vingt annees,
ont vescu sur les galeres de noir &
puant biscuit, se rencontrans en vn
bon festin se creuent de manger,
par ce que les actions de gourman-
dise qu'ils commettent, font plus
de pitié que de desplaisir aux honnestes gens qui les voyent: Ainsi ie

ne sçay pourquoy, vous autres Italiens, ne voulez pas permettre que les Espagnols, qui sont tous nouueaux venus au monde, & qui depuis peu ont esté affranchis de la seruitude des Morés de Grenade, se remplissent des tiltres d'honneur qu'ils ont trouuez en Italie. Puis que c'est vne viande qui leur semble si delicieuse, ne leur enuiez point le plaisir qu'ils prennent à la gouster ; car ie vous asseure que quand ils se seront soulez de ces vanitez, ils deuiendront aussi braues gens que les François, & donneront comme eux le tiltre d'Excellence, non seulement aux personnes de vostre qualité, mais iusques au moindres valets d'estable : & ie veux bien que vous sçachiez, que si vous estiez bien informé des af-

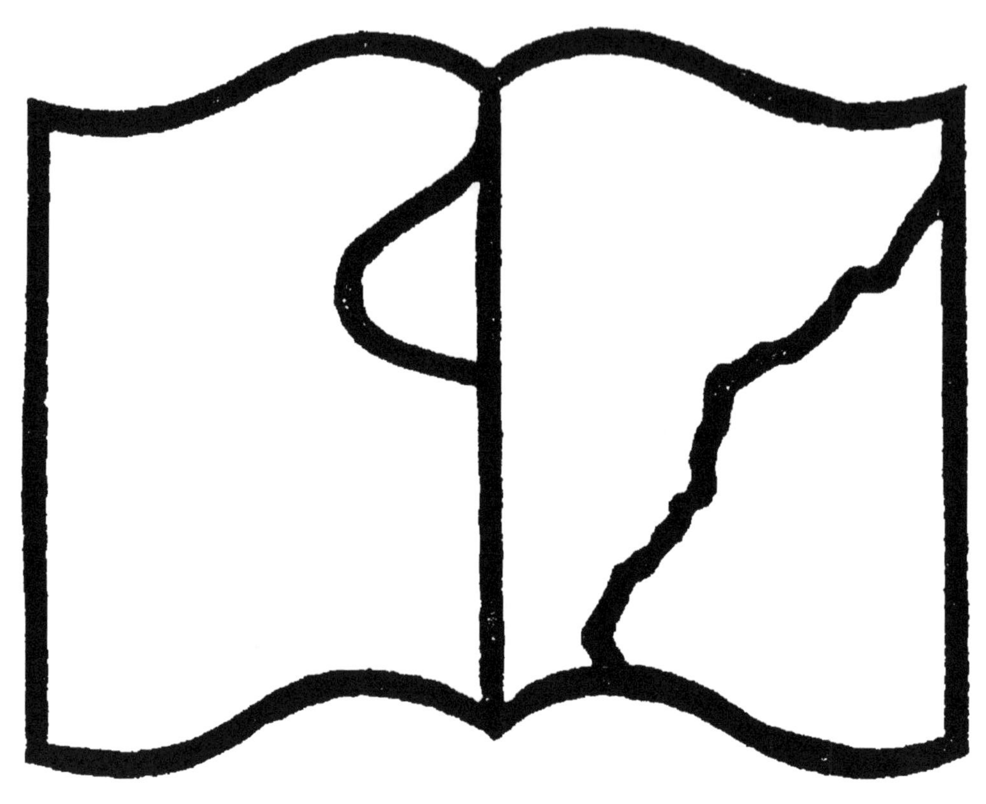

Texte détérioré — reliure défectueuse

NF Z 43-120-11

faires du monde, vous recognoi-
ftriez que les orgueilleufes & fu-
perbes façons de faire, dont les Efpagnols vfent en Italie, & dont
vous faites tant de plaintes, font
vn bien infiny aux Italiens, & par
reflexion font caufe d'vn malheur
extreme à la nation Efpagnole : car
fi elle eftoit doüee de mœurs autant aimables, qu'elle a d'adreffe,
& d'artifice pour conduire fes deffeins, & d'ambition pour entreprendre dans peu de temps, elle
afferuiroit ce qui refte de liberté en
Italie, & fe rendroit maiftreffe ab-
foluë de l'Vniuers ; de forte que s'il
y a quelqu'vn qui doiue venger
l'infolence des Efpagnols à coups
de poignards, c'eft la Monarchie
d'Efpagne, parce que fes Miniftres
alienent par leurs vanitez, les affe-

aduancer dauantage, depuis le long temps qu'il y a que vous les possedez, & encores estes vous tous les iours à la veille d'en estre chassez par les Italiens; car s'ils ne craignoient de tomber entre les mains des François, apres auoir ruiné vos affaires d'Italie, vous sçauez bien qu'en vous ostant la commodité du port de Gennes, ils vous mettroient en des difficultez dont vous ne pourriez iamais sortir, ce qui vous deuroit disposer à contenter au moins de paroles, ceux ausquels malgré vous, vous serez contraints de donner du mescontentement, à cause des interests de vos Estats d'Italie. Pour le regard de l'iniure que vous pretendez vous auoir esté faite par le Seigneur Prosper, ie vous dis franchement

que ie ne vous feray iamais faire
raiſon des affrons que vous recе-
urez pour ce ſubiect, car ie croiray
touſiours que vous les aurez re-
cherchez, & meritez, par voſtre
orgueil, & par voſtre arrogance.
Alors le Duc voulut dire pour s'ex-
cuſer, qu'il ne pouuoit donner autres tiltres aux Seigneurs Italiens,
que ceux qui eſtoiét contenus aux
inſtructions qu'il auoit de ſon
Maiſtre. Mais Apollon luy repliqua que ſes inſtructions ne s'eſten-
doiént que ſur les Milanois, & les
Neapolitains; & ſa Maieſté adiouſta que ſi les Eſpagnols n'eſtoient
point preuenus, & aueuglez de
paſſion, ils recognoiſtroient que
les grans de la Cour de leur Roy, le
faſte deſquels eſt monté à vn ſi
haut poinct, qu'il ſéble que l'Eſpagne

gne mesme soit trop petite pour eux, encore qu'elle soit de grande estenduë, & qui veulent aussi faire les grands en Italie, comparez auec les Seigneurs Romains, deuiennent plus petits que des Nains. Incontinent qu'Apollon eut acheué ces mots, vne nuee blanche comme neige, l'ayant couuert & desrobé aux yeux des assistans, les Prestres qui estoient pres de sa personne dirent, que sa Majesté vouloit prophetiser; c'est pourquoy tout le monde s'estant couché en terre, & le Duc auec tous ceux qui estoient de sa suite, on oüyt sortir vne voix de ce nuage qui dit: Espagnols, ie predis que vos actions orgueilleuses & arrogantes, forceront vn iour la Noblesse Italienne, qui desja a fait des Vespres Siciliennes, à

K

machiner contre vous quelques
Complies Neapolitaines : car les
Italiens ont accouſtumé de venger
plus cruellement le meſpris des paroles, que les coups de poignards;
parce qu'eſtans d'vn naturel qui ne
peut rien endurer, & ayans les
mains extremement longues, ils ſe
portent facilement aux grandes reſolutions, & par vn exceds de
cruauté, attendent à venger les iniures qu'ils ont receuës, quand
ceux qui les ont offenſez ne s'en
ſouuiennent plus. Lors que cela ar-
riuera, vous les trouuerez les armes à la main, vaillans comme des
Rolands, au lieu que vous croyez
que ce ſoient des aſnes de ſomme,
ſans courage, & ſans ſentiment.

ctions de ses meilleurs seruiteurs,
& rendét sa domination desagrea-
ble à tous ses subiects, à quoy elle
a grand interest de pourueoir, si
elle aspire à la Monarchie vniuerselle, parce qu'elle ne peut y paruenir tant qu'elle aura toute l'Italie pour ennemie.

Apres ceste responce, le Seigneur
Prosper retourna en sa maison fort
content & satisfait ; mais incontinent le Duc d'Albe se presenta à
Apollon auec toute sa suite, si sai-
sie de tristesse, que la grande quantité d'onguent blanc que les Espagnols auoient sur le visage, les em-
peschoit de paroistre noirs, comme sont ordinairement les Mores
de Grenade. Alors Apollon preue-
nant les plaintes que le Duc vouloit faire contre le Colonnois ; luy

dit: Ie fuis fafché du malheur qui
eft arriué, & d'autant plus que ie
fçay que de voftre part, le fubiect
de la querelle n'eft ny iufte, ny honorable, & en cefte occafió ie veux
bien vous dire que ce qui fait re-
cognoiftre, que vous autres Efpagnols eftes pleins de malice, eft que
vous prenez plaifir d'ofter à ceux à
qui vous parlez, les tiltres qui leur
appartiennent; car la vraye marque d'vn homme de bien, eft d'e-
ftre liberal à donner des tiltres
d'honneur, & eftre peu ambitieux
de les receuoir, dautant que celuy
qui honore quelqu'vn, mefmes
plus qu'il ne doit, reçoit toute la
gloire de cefte action, & fait rejail-
lir fur luy l'honneur qu'il rend à autruy: cela eft caufe que vous autres,
qui voulez conferuer pour vous

seuls tous les plus beaux tiltres, &
ne les donnez à personne, non seulement n'augmentez pas voſtre reputation dans le monde, mais meſmes vous eſtes rendus ſi odieux, &
ſi ridicules, que les Italiens , qui
ſemblent eſtre naiz pour ſe moc-
quer de tout , ont introduit dans
leurs comedies vn perſonnage Eſpagnol, au lieu d'vn Neapolitain,
pour repreſenter vne vanité, & vne
vanterie inſupportable ; ce qui
vous deuroit faire mourir de honte: & ie ne ſçay comment vous-au-
tres Eſpagnols, qui eſtes ſi prudens, & ſi aduiſez, ne recognoiſ-
ſez-pas que c'eſt aller à reculons,
comme les eſcreuiſſes, que d'aſpi-
rér à la Monarchie vniuerſelle, en
meſpriſant tout le monde. Les eſprits des hommes ſe laiſſent char-

mer par les appas de la douceur, de
la recognoiſſance, de la ciuilité, &
de la courtoiſie ; & ce ſeroit vne
grande ſottiſe à vn oyſeleur, d'aller
le tambour battant à vn colom-
bier pour y prendre des pigeons,
& neantmoins c'eſt ce que vous
faites : mais ie vous dis dauantage,
que les pretentions que vous auez
ſur l'Italie, vous deuroient obliger,
ſi vous auiez de la conduite, & du
iugement, d'attirer les Italiens par
l'amorce des dignitez ; car par ce
moyen vous eſtabliriez doucement voſtre empire deſſus eux,
& ſans reſiſtance, les mettriez en
ſeruitude, au lieu que viuant ſui-
uant les maximes que vous tenez,
vous eſtes tellement renfermez ,
dans vos Eſtats de Naples , & de
Milan, que vous n'auez peu vous

Les Eſpagnols deliurent les François de l'hoſpital des fols.

CHAP. XVIII.

APOLLON fit deliurer y a deux iours, de l'hoſpital des fols, grande quantité de François, qui pendant le long temps qu'on les auoit retenus priſonniers, s'eſtoient laiſſez emporter à d'eſtranges exceds, & à d'extremes violences, tant contre eux-meſmes, que contre leurs amis, & par leurs actions auoient donné grand ſubiect de pleurer à toute l'Europe. Or ayant

L

depuis apparu qu'ils auoient recouuré leur fanté par vn acte au-
tentique produit en iugement par
les Sereniffimes Medicis de Florence qui les ont toufiours affiftez
pendant leur maladie, ils ont efté
deliurez ; mais auant leur depart
fa Majefté les fit venir en fa prefence, & leur dit qu'à l'aduenir ils euffent à viure auec plus de prudence
qu'ils n'auoient fait par le paffé
dans vn fi beau & fi puiffant Royaume, & que fur tout ils fe fou-
uinffent qu'ils eftoient obligez de
leur fanté aux Efpagnols , parce
qu'en fe monftrant les armes à la
main en France,& principalement
dans Paris, ils auoient remis la cer-
uelle en la tefte des François, qui
auparauant faifoient les enragez,
& les frenetiques. Les François re-

mercierent fa Majefté des bons conſeils qu'elle leur donnoit, & luy teſmoignerent qu'ils haïſſoient tellement la Ligue, que meſme ils en auoient le nom en horreur; & adiouſterent qu'ils ne deuoient le recouurement de leur ſanté, que au valeureux, & touſiours victo-rieux Prince, Henry le Grand, le-quel par ſon courage auoit ouuert les yeux aux François, aueuglez par l'hypocriſie des Eſpagnols, qui par les appas de leurs doublons, auoient ſi bien ſçeu faire leurs af-faires, qu'ils auoient oſté le iuge-ment tant aux hommes ſages & aduiſez, qu'aux plus foibles eſprits.

Il y a vn rencôtre en l'Ita-lien ſur le mot de legha qui ſignifie lieuë & li-gue, qui ne ſe peut trouuer en noſtre langue, en voicy le paſſa-ge. *Che nel miſurar le diſtanze de i luoghi per lauenire volen-*

no ſeruiſi dell' vſo delle miglia Italiane per fuggire il nome lugubre di leghe.

L ij

Aucuns sont monstrez au peuple, pour seruir d'exemple aux autres.

CHAP. XIX.

APOLLON asçeu auec beaucoup de regret, que la coustume de la pluspart des Princes de ce temps, est de ne faire plus de guerre ouuerte, mais de se seruir de ruse & de finesse, & que quelques vns par leurs artifices ont fait reüssir de tres-grandes entreprises, sans y employer autres armes que les intelligences, & les pratiques honteuses qu'ils ont faites pour debaucher les subiects, &

exciter la Nobleſſe à rebellion.
Pour remedier à ces deſordres, ſa
Majeſté commanda il y a plus de
trente ans , à Iean François Lottini , Secretaire des vertus mora-
les en ceſte Cour, de mener vn
Conneſtable de France , & deux
Princes du dernier ſiecle, ſoubs
le portail du Temple de Delphes,
afin qu'eſtans expoſez à la veuë
de tout le monde, la honte qu'ils
en receuroient fiſt apprehender
aux autres Princes vn pareil trait-
tement ; d'où vient que Lottini
monſtre ces trois grands Princes
au peuple qui entre dans ce Temple & qui en ſort, & deſcouurant
leurs mains, leſquelles n'ont point
de doigts , & qui ſemblent auoir
eſté deſchirees par des chiens , il
prononce hautement ces paroles,

L iij

Vous, de qui toutes les inclina-
tions sont portees à la cognoissance des bonnes Lettres, & à l'exercice de la vertu, prenez exemple
sur la calamité de ces miserables
Princes, qui comme vous voyez,
ont perdu l'vsage de leurs mains,
& apprenez à leurs despens, que
c'est vne grande folie de mettre
ses mains en lieu dangereux, & ha-
zarder son honneur & sa reputation pour faire plaisir à autruy.

Les Ministres d'Espagne sont interessez en leur profit.

CHAP. XX.

O N vit entrer y a trois iours, à huict heures du soir, dans le Palais de la Monarchie d'Espagne, quarante charettes de foin; ce qui donna l'alarme aux François, Venitiens, & autres Potentats, qui sont jaloux de la grandeur de ceste Princesse, & les obligea de se mettre en peine de descouurir si soubs ce foin les Espagnols n'auoient point fait entrer des armes, & autres prouisions de guerre; & les

L iiij

espions raporterent que dessous
ce foing il y auoit des caisses pleines de picqz, palles & houyots:
c'est pourquoy les François prirent
resolution de s'armer, & les Venitiens estoient apres à mettre
leurs galeres en mer, quand il
fut aduisé qu'auant de se declarer, il estoit à propos de sçauoir
asseurément si les Espagnols
auoient fait entrer dans leur Palais autre quantité de semblables
instruments, ou s'ils en atten-
doient encores : surquoy il leur
fut dit, qu'ils n'en auoient point
receu d'autres, & qu'ils n'en at-
tendoient point, & mesmes que
ces caisses ayant esté deschargees
dans le Palais Royal, ne furent pas
portees en l'Arsenal, mais que les
picqz, palles & houyots qui estoiét

dedans, ayant esté partagez entre les grands d'Espagne, & les principaux Officiers de ceste puissante Monarchie, ils les employerent dés le lendemain du grand matin à faire des fossez, & à remüer la terre pour faire des canaux, chacun d'eux tirant l'eau à son moulin, auec tant de soing & de vigilance, que le public en estoit infiniment incommodé : de sorte que les moulins des communautez d'Espagne à faute d'eau ne pouuoient plus moudre.

L'Empereur Maximilian est aduerty des querelles de ses enfans.

CHAP. XXI.

A nuict passee, trois Courriers depeschez à l'Empereur Maximilian second, luy donnerent aduis que l'Archiduc Mathias auoit pris les armes contre l'Empereur Rodolphe son frere, & luy demandoit les Royaumes de Hongrie, de Boheme, l'Archiduché d'Austriche, & vn absolu commandement sur les autres Prouinces. L'Empereur receut ces nouuelles auec beaucoup de desplaifir; car il iugea bien que les querelles de fes enfans donne-roient aux ennemis de la maifon d'Auftriche le contentement qu'ils fouhaittoient il y auoit lóg temps. C'eft pourquoy hier dés le grand matin ce Prince vint trouuer Apollon, & les larmes aux yeux, luy demanda quand finiroient les maux que tous les Potentats d'Allemagne, coniurez enfemble, auoient tramé à fa maifon, & pour quelle occafion elle eftoit fi rudement traictee? A quoy Apollon refpondit? Grand Empereur, les trauerfes qui affligent & perfecutent voftre maifon, cefferont alors qu'elle quittera le deffein ambitieux de fe rendre maiftreffe de la Hongrie, & de la Tranfiluanie; car la crainte que cefte entreprife ne luy reüffiffe, a fait liguer toute l'Allemagne pour s'oppofer à fa puiffance, ab-baiffer fa grádeur, & par ce moyen affeurer fa liberté, pour la conferuation de laquelle elle eft capable de tout faire, & mefmes a refolu de laiffer pluftoft perdre Vienne, que d'employer fes forces pour prendre Bude, eftimant que les victoires du Turc luy feroient moins de mal, que celles de voftre maifon: quand les Princes de la maifon d'Auftriche n'auront plus ces penfees en l'efprit, la Ligue qui a efté faite contr'eux fe rompra, & toute l'Allemagne aimera paffionnément vos Archiducs, lors que viuant fans ambition ils tefmoigneront qu'ils ne veulent point eftre plus grands que les autres Princes d'Allemagne.

Les chiens des Indes font deuenus loups.

CHAP. XXII.

LA nuict du douziefme de ce mois, arriua vn Courrier de Lifbone, qui dit à Apollon qu'il apportoit des nouuelles tres-importantes des Indes Occidentales.

Le lendemain du grand matin, tous les hommes de Lettres fe rendirent au Palais, pour apprendre ce qu'il y auoit de nouueau, & les Efpagnols furent les premiers à demander fi lon auoit defcouuert aux Indes quelque autre montagne de Potofsi, ou quelque nou-

ueau Dieu d'argent, parce qu'ils
vouloient y aller prescher la saincte
parole de Dieu. Les François de-
manderent si lon n'auoit point
trouué vn autre nouueau monde,
qui rendant les Espagnols encores
plus puissans qu'ils ne sont, ache-
uast de ruiner celuy-cy. Mais on
prit à mauuais presage de voir que
Apollon ayant leu les lettres qu'il
auoit receuës, deuint extremement triste; & ayant caché son visage dans vne nuee espaisse, pleu-
ra amerement, ce qui fit croire que
le Courrier auoit apporté de tres-
mauuaises nouuelles. Or comme la
place estoit pleine de gens Lettrez
& Vertueux, qui desiroient auec
beaucoup d'impatience sçauoir le
subiect de la tristesse de sa Majesté:
On entendit vne voix, accompa-

gnee d'efclairs & de tonnerre, qui
dit : Vous qui habitez la terre,
ieufnez, macerez voftre chair, prenez le cilice, couurez-vous de cen-
dre, mangez le pain de douleur,
& auec vn cœur humilié, faites des
prieres à Dieu pour appaifer fa colere, & obtenir de fa bonté, qu'il
luy plaife de deliurer les hommes
qui viuent dans ce vieux monde,
des prodiges, & des nouueautez
monftrueufes que lon a fçeu cer-
tainement eftre arriuees au nouueau. Les Vertueux demeurerent
fi furpris & fi affligez de ce qu'ils
auoient ouy, qu'ils en tomberent
efuanoüis ; car eftimans que les Indes Occidentales euffent efté con-
fommees par le feu, ou noyees par
les eaux, ils craignoient qu'il ne
leur en aduint autant, & le defplai-

fir qu'ils reſſentoient eſtoit ſi violent, que tout ce qu'il y auoit
d'hommes de Lettres, & de Vertueux à Parnaſſe, eſtoit plein de
crainte & d'eſtonnement, verſoit
des ruiſſeaux de larmes, pouſſoit
du profond de l'eſtomac non des
ſouſpirs, mais des heurlemens ex-
traordinaires, & en cet eſtat crioit
miſericorde, & ſupplioit inſtam-
ment ſa Majeſté, de deſcouurir à
ſes bons & fideles ſubiects, quels
eſtoient les maux dont ils deuoient
prier Dieu de les deliurer. Alors il
ſortit vne ſeconde voix du Palais
d'Apollon, qui declara que les
chiens que les Eſpagnols auoient
fait paſſer aux Indes, pour garder
les brebis des dents des loups
eſtoient deuenus eux-meſmes
loups ſi rauiſſans, qu'ils les deuoroient

roient auec plus de cruauté que ne
feroient des tigres. Cet aduis mit
les larmes aux yeux de tous les Vertueux, & n'y eut perſonne qui
n'euſt beaucoup de reſſentiment,
de voir que les chiens mis à la garde des brebis, eſtoient deuenus
loups ſi inhumains, qu'ils deuoroient eux-meſmes les troupeaux
qu'ils auoient en garde. A qui, di-
ſoient-ils, les Bergers confieront-
ils deſormais leurs brebis, puis que
ils n'ont plus d'aſſeurance en leurs
chiens, qui leur auoient touſiours
eſté ſi fideles ? & comment eſt-il
poſſible que ce pauure animal ſoit
reduit à vne ſi grande miſere, qu'il
faille qu'il ſoit la proye tant des
loups qui ſont ſes ennemis, que des
chiens, qui ont touſiours eſté ſes
amis? Or pendant que l'eſpouuen-

te eſtoit general dedans Parnaſſe,
on vit les Flamans , & les autres
peuples des Pays-Bas, ſeuls entre
toutes les nations, aller & courre
de toutes parts, pour remettre à vn
chacun le cœur au ventre , diſant
qu'il n'y a point au monde de malheur & de calamité ſi grande,qu'vn
eſprit fort & reſolu ne puiſſe euiter; qu'il eſt aduenu de meſme en
leur pays , que les chiens que les
Bergers d'Eſpagne auoiét enuoyez
pour la garde des troupeaux de
Flandre, eſtoient deuenus ſi enragez , qu'ils deuoroient & man-
geoient auſſi les brebis auec vne
inhumanité brutale, & qu'ils euſſent englouty tous les pauures
troupeaux Flamans, ſi auec vne
deliberation pleine de valeur , &
de courage, dont tout le monde

auoit cognoiſſance, ils n'y euſſent
pourueu; & partant que quand
meſme le vieil monde ſeroit attaint
des maux que lon a appris eſtre arriuez au nouueau, il ſeroit facile
d'y donner ordre, & de chaſtier les
chiens qui ſont ſubiects à manger
les brebis, en prenant vne ſembla-
ble reſolution que les Flamans, &
faiſant aualer à ces meſchans animaux tant de noix Flamandes, que
le vomiſſement qu'elles excite-
roient vint à les faire creuer comme ils meritent.

M ij

La Monarchie d'Espagne va visiter la Sereniſsime Reyne d'Italie, & ces deux Princeſſes ſe rendent l'vne à l'autre des deuoirs, & des complimens d'honneur & d'amitié.

CHAP. XXIII.

LA Sereniſſime Reyne d'Italie fut extreme-ment eſpouuentee, lors qu'elle vit que les Roys de France, qui s'eſtoient rendus maiſtres du Roy-aume de Naples, vouloient auſſi s'emparer du Duché de Milan; & combien qu'en apparence ceſte en-trepriſe ne diminuaſt rien de leur ancienne confiance, neantmoins leurs esprits estoient si alienez, & si animez l'vn contre l'autre, que par les secrettes pratiques & intelligences que la Reyne d'Italie fomentoit dedans la France, & que la Reyne de France nourrissoit à force d'argent dans l'Italie ; ces deux Princesses se faisoient vne cruelle guerre en pleine paix. Or pendant que les mescontentemens & les deffiances estoient plus allumees entre ces deux puissantes Reynes, la Monarchie d'Espagne, auec vne suitte digne de sa grandeur, alla trouuer, contre l'attente de tout le monde, la Serenissime Reyne d'Italie, laquelle la receut auec tant de tesmoignages d'honneur, & de bonne volonté, que les hommes de Lettres, qui remar-

querent pluftoft au vifage de ces
deux Princeffes les mouuemens de
leur ame, qu'ils ne s'arrefterent aux
complimens qu'elles fe firent, recogneurent que cefte entreueuë
auoit operé entr'elles vne parfaite
reconciliation, & cefte reünion
d'affections caufa vn fi grand eftó-
nement en l'efprit de tous les Vertueux, qu'ils confefferent qu'il ne
s'eft iamais fait de paix de la memoire des hommes, qui les ait furpris à l'efgal de celle-là, & qui leur
ait donné plus de curiofité, & de
defir d'en apprendre le fubiect. Et
dautant que les Philofophes, les
Poëtes, & tous ceux qui fe mef-
lent des autres fciences, ne penetrent pas affez pour defcouurir les
vrays mouuemens qui portent les
grands Princes aux refolutions

qu'ils prennent : Les Vertueux eurent recours à l'Vniuersité des Politiques, lesquels font profession
particuliere, par la cognoissance
qu'ils ont des interests de tous les
Potentats, de porter leurs yeux
dedans les plus secrets conseils des
Princes. La response qu'ils eurent
des Politiques fut, que la Reyne
d'Italie pour conseruer sa liberté,
& la deffendre des armes des François, se vit comme forcee de s'al-
lier auec la Monarchie d'Espagne :
mais que s'estant apperceuë qu'a-
pres que ceste Princesse se fut renduë maistresse du Royaume de Naples, & du Duché de Milan, elle
aspiroit à l'Empire de toute l'Italie, auec plus d'ambition, de ruse,
& d'artifice, que n'auoient fait les
François, & que pour faire reüssir

ce deſſein, elle ſemoit des diuiſions
en France pendant la minorité des
enfans du Roy Henry ſecond, &
ſe ſeruoit pour Miniſtres de ſon
ambition, de la ſeruitude d'Italie,
de quelques Princes Italiens, &
des principaux d'entr'eux, mais des
moins aduiſez; alors elle commença à la haïr ſi cruellement, qu'elle
rechercha tous les moyens de ruiner ſes affaires, que depuis les choſes ayans changé de face, & la
mauuaiſe iſſuë de l'eſchange de
Sabioneda, ayant fait cognoiſtre à
la Monarchie d'Eſpagne, que le
deſſein de commander à toute l'I-
talie eſtoit trop difficile à executer, elle auoit oſté de ſon eſprit
ceſte ambition qui la rongeoit, &
apres auoir bien penſé aux trauerſes qu'elle receuoit en Flandre,

& ailleurs, elle auoit iugé qu'elles luy eſtoient cauſees par ces penſees trop ambitieuſes, & que pour aſſeurer ſes affaires elle ne pouuoit mieux faire que de donner la paix à autruy, & qu'ayant appris par experience, que ſans l'amitié, la faueur, & le ſecours des Princes Italiens, elle ne pouuoit ioüyr en paix du Royaume de Naples, & Duché de Milan, elle auoit voulu par ceſte viſite calmer la rage qui animoit contre elle l'eſprit de la Reyne d'Italie: en quoy les Politiques diſoient, qu'elle auoit pris vn conſeil tres-ſalutaire, eſtant bien vray-ſemblable que ſi les Eſpagnols teſmoignoient ſeulement qu'ils vouluſſent tourner leurs armes contre Breſſe, Bergame, Turin, & Gennes, tout le monde ſe ſouſle-

ueroit contr'eux, puis que la petite acquisition qu'ils vouloient faire de Sabioneda, leur a suscité tant
de trauerses de la part de ceux mesmes dont ils se doutoient le moins,
que lon peut dire veritablement
que la caille estoit prise, & ne pouuoit se garantir des dents des
chiens, si elle n'eut pris resolution
de percer le filet, & sauuer sa vie
à la faueur d'vne maille rompuë.

La Monarchie d'Eſpagne fait ietter ſon Medecin par les feneſtres.

Chap. XXIV.

CE matin la Monarchie d'Eſpagne a fait appeller ſon Medecin ordinaire, & quelque temps apres qu'il eſt arriué aupres d'elle, elle l'a ietté elle meſme par les feneſtres de ſon Palais, & ce pauure homme ayant eſté tout rompu, & tout briſé de ceſte cheute, eſt mort incontinent; ce qui a ſemblé d'autant plus eſtrange, que ce Medecin eſtoit en reputation de fort homme de bien, & de tres-ex-

cellent en fa profeſſion. On a fait
diuers iugemens de ceſte action:
mais Appollon en ayant voulu ſçauoir le ſubiect par la bouche meſme de la Monarchie d’Eſpagne,
elle luy a dit, qu’il y auoit quarante
ans paſſez que quelques accidens
luy eſtoient ſuruenus, & certains
ſignes de vie qui s’eſtoient deſcou-
uerts en la Royale maiſon de Bour-
bon, luy faiſoient apprehender
d’eſtre frappee de quelque mauuais
mal François, & que pour remedier à ce qu’elle craignoit, elle auoit
demandé conſeil à ſon Medecin,
lequel luy auoit ordonné vne longue, ennuyeuſe, & chere purga-
tion de diuerſes huiles de ſainctes
ligues, de ſouſleuemens de peuples, rebellions de Nobleſſe , de
cautheres, & d’autres medecines

fort ameres, lefquelles auoient affoibly fon eftomac, & diminué fes forces, & luy auoient fait perdre l'appetit de telle façon, que la grande quantité de firops, & de medecines qu'elle auoit prifes auec tant de peine, n'auoient feruy qu'à faire hafter & aduancer le mal que elle n'eut peut-eftre iamais eu fans cefte malheureufe purgation:outre que la quantité des fangfuës que lon auoit appliqué en diuerfes parties de fon corps, luy auoient tellement fuccé le meilleur fang de l'or d'Efpagne, qu'à caufe de la foibleffe de fa complexion, elle ne s'eftoit pas trouuee affez forte pour vuider les mauuaifes humeurs de Flandre, qui luy caufoient vne tres-grande oppreffion : Toutes lefquelles chofes eftant arriuees par le mauuais

conseil de son Medecin, elle s'estoit
mise en colere contre luy, & auoit
iuré de le ietter par les fenestres, si
pour guarir les maladies qu'elle auroit à l'aduenir, il luy ordonnoit
iamais aucune sorte de purgations;
& que s'estant apperceuë que le
mal qu'elle sentoit dedans les es-
paules du costé de Holande, luy
estoit ouuertement suscité par la
France, elle auoit demandé conseil au mesme Medecin, pour sçauoir ce qu'elle deuoit faire pour
s'en deliurer; & que cet homme
oubliant sa premiere faute, luy
auoit ordonné vne seconde pur-
gation, toute semblable à la premiere; ce qui l'auoit mise en si
grande colere, que se laissant emporter à son ressentiment, elle l'a-
uoit ietté par les fenestres, pour

le punir d'eſtre retombé pour la
ſeconde fois en vne telle faute,
& qu'il luy ſembloit que ce Medecin auoit bien merité ce traicte-
ment, puis que le ſuccez de ſon
conſeil qui auoit eſté ſi malheureux à ſes Eſpagnols, ne luy auoit
pas appris que les purgations pri-
ſes auant le temps pour euiter les
maux que lon craint, n'operent
pas tous les bons effects que le
Medecin ſe promet, & que le malade deſire.

La Somme de l'Illuſtriſſime Cardinal de Tolede ne peut eſtre receuë à Parnaſſe.

CHAP. XXV.

'ILLVSTRISSIME, & Reuerendiſſime, François de Cordouë, Cardinal de Tolede, perſonnage de vie exemplaire, grand Philoſophe, & tres-ſçauant aux Lettres ſainctes, & qui a paru dans les chaires plus qu'aucun autre Predicateur de ſon temps, a eſté receu ſur les frontieres de cet eſtat par Alexandre d'Ales, & par Monſeigneur Cornelio Muſſo, Eueſque de Bitonte, & traïcté en tous

les

les lieux où il a passé aux despens de sa Majesté. Ce Seigneur estant arriué à Parnasse, presenta ses escrits au venerable College des Vertueux, lesquels ne loüerent pas seulement, mais admirerent ses liures de Philosophie, & receurent ses Commentaires sur les sainctes Lettres auec vn extraordinaire applaudissement de tous les sacrez Escriuains, & puis firent porter ses œuures dans vne boëte precieuse en la Bibliotheque du Temple de Delphes, où son nom fut consacré à l'eternité : il n'y eut que sa Somme que les Vertueux ne voulurent pas receuoir, encores qu'elle fust pleine de doctrine, alleguans, pour auctoriser leur refus, que la Biblioteque de sa Majesté estoit remplie de semblables

liures qui traictent de ce qui touche la conscience des particuliers,
& qui mettent en compromis le
salut des ames, & l'attachent à l'interest de trois deniers; mais qu'il
n'y en auoit point qui parlast des
cas de consciences des Princes, qui
est vne matiere que les Theologiens n'ont point touchee, & dont
la cognoissance importe au salut
de tout le monde, estant chose
tres-necessaire qu'il se trouuast
quelqu'vn qui declarast iusques
où s'estend en conscience la puissance des Princes, & qui repri-
mast les actions de ceux, qui aueuglez de l'ambition de commander,
auoient remply le monde de brigandages, & d'assassinats, & couuert la terre de sang humain : Et
partant le College des Vertueux

adiousta, qu'il voudroit bien que l'on disputast & resolust les questions suiuantes ; Sçauoir , si la pieté Chrestienne admet l'hypoteque speciale, que la violence des armes a vsurpee sur les estats d'autruy ; si vn Prince qui a la crainte de Dieu deuant les yeux, peut tenir vn estat qu'il a osté par ruse, ou par force à celuy à qui il appartient legitimement ; si celuy qui est nay Chrestien , entrant en vn pays de conqueste , peut en conscience porter tous ses efforts , & toutes ses pensees à sa ruine, pour y commander absolument, & sans deffiance ; si c'est vne plus detestable & execrable idolatrie , d'asseruir, comme on fait à present, les loix diuines & humaines, à la maxime d'Estat, que d'adorer la Statuë de

Nabuchodonofor, & le Veau d'or.
En fomme le College des Vertueux dit, que tous fes fouhaits
feroient accomplis s'il fe trouuoit
vn Theologien qui euft l'ame fi
bonne, qu'il vouluft employer fa
plume à diuertir les Princes de mal
faire, comme plufieurs auec beaucoup de trauail, en auoient de-
ftourné les particuliers, leur fem-
blant que c'eftoit vne chofe bien
eftrange, que quantité de doctes
Theologiens euffent pris la peine de difcourir du compte exact
que les hommes doiuent rendre
à Dieu de leurs paroles oyfeufes,
& euffent oublié de parler des Princes, qui vfurpant à main armee
les Eftats de leurs voifins, font
caufes de la ruine des chofes fain-
ctes & profanes, qui eft la fau-

te en laquelle sont tombez ceux qui ont vescu du temps de Ferdinand Roy d'Arragon, & de Charles V. Empereur, lesquels eussent plus merité enuers Dieu , & le monde , si au lieu d'emplir des Volumes entiers de pechez veniels des particuliers , ils eussent censuré & repris les actions de ces Princes , les ames desquels sont parties de ce monde chargees de cinq cens mil meurtres, que leur ambition a faict commettre , dont ils doiuent rendre compte à Dieu par le menu, ce qui merite autant ou plus d'estre bien espluché , que tous les autres cas de conscience dont les liures sont pleins , afin que les hommes qui ont tousiours esté opprimez par l'ambition des Princes, reçoiuent vn iour ceste consolation qu'ils desirent il y a si long - temps, que ceux qui sont establis pour commander, estans destournez de mal faire, viennent à recognoistre que l'Enfer est fait tant pour les grands, que pour les petits.

Almanſor autresfois Roy des Mores, & le Royaume de Naples, font l'vn à l'autre le recit de leurs miſeres, & verſent des larmes de douleur pour les oppreſsions que les Eſpagnols leur font souffrir.

CHAP. XXVI.

ALMANSOR ce tant renommé Roy des Mores, qui a commandé ſi long temps en Eſpagne, dans le Royaume de Grenade, ſe rencontra hier auec le Royaume de Na-

ples, & se mit à l'entretenir en se
promenant auec luy. Or ce Prince
ayant ietté les yeux sur la chaisne
qui lie les pieds du Royaume de
Naples, & l'ayant attentiuement
consideree, il luy dit que la façon
de ceste chaisne estoit Moresque,
& qu'il croyoit l'auoir autresfois
veuë & maniee ; & incontinent
apres il l'asseura auec des actions
pleines d'estonnement qu'il la recognoissoit, & que c'estoit celle-là
mesme, auec laquelle les Roys Mores ses predecesseurs, & luy, auoient
tenu en captiuité plusieurs Roys
d'Espagne, par l'espace de six cens
ans ; & partant il le supplia de luy
declarer par quel moyen, en quel
temps, & par qui il en auoit esté
lié. Alors le Royaume de Naples
luy respondit, Ie confesse que vous

auez bon œil, & bonne memoire,
& ce qui me fait croire que vous
ne vous trompez pas , & que ceste
chaisne est celle - là mesme dont
vous voulez parler ; c'est que Con-
salue Cordouë, surnommé le grand
Capitaine , l'apporta d'Espagne il
y a cent ans passez, depuis lequel
temps elle me tient dans la seruitude en laquelle vous me voyez,
dont ie n'espere pas de sortir iamais, dautant que la puissance des
Espagnols est montee à vn si haut
poinct, que tous les passages par
où le secours des Hommes me pouuoit venir, estans fermez maintenant, le recouurement de ma liberté est en la seule main de Dieu,
& ma deliurance est si esloignee de
mon attente, que ie ne pense pas la
pouuoir obtenir , si Dieu ne re-

nouuelle pour mon salut, les mira-
cles de la mer rouge. Le temps se
raporte fort bien, repliqua Almanſor, car il n'y a gueres plus de
cent ans, que les Eſpagnols ont tiré du pied du Royaume de Grenade ceſte chaiſne, auec laquelle ils
vous ont depuis garotté. Mais ad-
iouſta-il, Ie vous prie de me raconter comment les Eſpagnols ont
peu ſe rendre Maiſtres d'vn ſi puiſ-
ſant Royaume que vous eſtes, & ſi
eſloigné de leur pays.

Les Eſpagnols, reſpondit le
Royaume de Naples, ſont entrez
en Italie par ruſe, & par fineſſe: car
s'ils euſſent tenté la force ouuerte,
ils n'euſſent iamais peu y faire de ſi
grands progrez, ne s'y eſtablir ſi
bien qu'ils ont fait, à cauſe de la
foibleſſe, & de l'eſloignement de

leurs forces , comme vous auez
fort bien remarqué. Or afin que
vous voyez comme ils ont procedé pour y prendre pied, il faut que
ie vous conte vn traict plein de
mauuaife foy, qui a efté fait par vn
certain Roy d'Efpagne, lequel n'a
oublié aucun artifice pour perfua-
der aux efprits fimples & idiots,
qu'il eftoit fort homme de bien,
encore qu'il euft la confcience extremement large, comme il a tef-
moigné par cefte action mefchan-
te & cruelle, felon les regles de ma
religion Chreftienne, mais fuiuant
les maximes de la moderne Politique, la plus fubtile, & la plus artificieufe que lon ait iamais veu au
monde.

Alfonfe mon Roy, par fon malheur, & le mien, donna en maria-

ge Isabelle sa niepce à Iean Galeas
Duc de Milan. La ieunesse, & l'extreme imbecillité d'esprit de ce
malheureux Prince, ouurirent le
chemin à Ludouic Sforce son on-
cle, pour s'emparer de son Estat:
Alfonse voulut empescher ceste
vsurpation, dequoy Ludouic s'e-
stant apperceu, & preuoyant que
sans la ruine de mes Roys il ne
pouuoit executer son dessein, il
prit la resolution d'appeller les Frá-
çois à ma conqueste, dont s'ensui-
uit vn malheur tres-grand à luy,
à moy, à tous les Princes d'Italie. Mes Roys voulant s'appuyer
contre de si puissans ennemis, de-
manderent secours à ceste saincte
ame de Ferdinand Roy d'Arragon
leur cousin, lequel se monstra enuers eux si bon parent & amy, que

au lieu de chaſſer les François, il
me partagea auec eux ; & pour teſmoigner qu'il eſtoit maiſtre paſſé
aux tours de ſoupleſſe des Bohe-
mes, vn peu apres ce malheureux
partage il fit la guerre aux François, ſur leſquels ayant obtenu la
victoire , il les contraignit de retourner honteuſement en France;
& alors ce bon Roy Ferdinand ſans
aucun ſcrupule de conſcience, eſtát
deuenu mon ſouuerain Seigneur,
il me mit au pied la chaiſne que
vous auez recogneuë. Ie ne ſçay ſi
dans les Croniques des Sarraſins,
des Mores, & des Turcs, que vous
pouuez auoir leuës , il ſe trouue
vne plus meſchante action que
celle-là, qui a eſté faite par vn Prince, lequel affectoit ſur tout d'eſtre
reputé homme de bonne conſcien-

ce, & que le sainct Siege Apostolique peu auparauant auoit honoré
du glorieux tiltre de Catholique.
A quoy Almansor repliqua , que
dans les Histoires de sa nation , on
lisoit des actions assez mauuaises
faites par diuers Princes, aueuglez
d'ambition, & du desir de dominer, mais que celle de Ferdinand
les surpassoit toutes.

Mais quelle voye ont tenu les
Espagnols, luy dit le Royaume de
Naples, pour deliurer le Royaume de Grenade de la captiuité en
laquelle les Mores l'auoient tenu
par tant de siecles? L'vnion des
Royaumes de Castille, & d'Arragon (repartit Almansor) qui se fit
par le moyen du mariage de Ferdinand & Isabelle, donna la liberté
au Royaume de Grenade ; vnion

malheureuſe, qui a donné ſubiect
de pleurer non ſeulement à moy,
mais auſſi à tous les Potentats de
l'Europe, comme celle qui a cauſé
ces grandes conuulſions d'Eſtats,
qui ont affligé toute l'Europe, &
principalement l'Italie ; car il eſt
vray que ie commanderois encore
à preſent à l'Eſpagne, ſi ceſte miſerable vnion n'eut aduancé ma
cheute : parce que la ialouſie qui
eſtoit touſiours entre les Caſtillans
& les Arragonois, me ſeruoit de
fortes citadelles : & d'ailleurs, le
ſecours que les Papes enuoyerent
à Ferdinand & Iſabelle, a infiniment precipité ma ruine. Ne parlez
point de cela Almanſor, luy dit le
Royaume de Naples, car depuis
que l'ambitieuſe nation Eſpagnole vous a chaſſé d'Eſpagne, les Pa-

pes ont souffert tant de calamitez,
qu'il semble qu'ils soient assez pu-
nis d'auoir procuré sa grandeur, &
que ces malheurs leur soient arriuez pour le loyer du secours qu'ils
leur ont donné ; & si le sainct Siege
Apostolique a esté bien aise de voir
les Mores hors d'Espagne, ceste
douceur a esté suiuie d'vne plus
grande amertume, que luy a causé
ma captiuité : car les Papes ont
tousiours redouté sur toutes choses, que ie ne tombasse entre les
mains d'vn Prince puissant, & ce
qu'ils craignoient le plus leur estant
aduenu, ils viuent en perpetuelle
deffiance ; & ceux d'entr'eux qui
ont plus de cognoissance des affaires du monde, ayant tant de sub-
ject de crainte & de ialousie, ne
peuuent dormir en repos ; car ils

ont

ont touſiours deuant les yeux le
malheur qui arriua à la ville de Rome, lors que les Eſpagnols triom-
phans de ma liberté la ſaccagerent,
qui fut vne ingratitude ſignalee,
auec laquelle ils s'acquiterent enuers le ſainct Siege Apoſtolique, de
toutes les obligations qu'il auoit
acquiſes ſur eux, tant à cauſe de la
remiſe du fief de Naples, que pour
le ſecours qu'ils auoient receu de
luy en la guerre de Grenade; & qui
deſillant les yeux des plus endor-
mis, fit cognoiſtre à tout le monde combien il importe de dechaiſ-
ner les Lyons par zele de pieté; parce que les Eſpagnols ne furent pas
ſi toſt affranchis de la ſeruitude
des Mores de Grenade, que leur
ambition leur faiſant conceuoir le
deſſein d'vne Monarchie vniuer-

O

selle, leur fit fufciter entre les Potentats des ialoufies, & des diuifions, fondees fur de fpecieux pretextes de Religion, auec lefquels
ils brouïllerent toute l'Europe. Et
à ce propos i'ay quelquesfois oüy
dire à des hommes de bon fens,
qu'il euft mieux vallu à plufieurs
Princes, que vous euffiez toufiours
poffedé le Royaume de Grenade,
que de voir les Efpagnols entrez en
Italie, fe rendre Maiftres de ce qu'ils
y tiennent à prefent : & ces defordres ont encores caufé vne telle al-
teration en ce qui eft de la Religion, que ceux qui ont quelque
cognoiffance des confeils des Princes, affeurent que la crainte que
l'Allemagne eut de la trop grande
puiffance de Charles le Quint Empereur, fit foufleuer au lieu des

Mores de Grenade, que les Espagnols auoient deffaits, le nombre
infiny d'heretiques que nous
voyons en Allemagne, & ailleurs:
race maudite, qui a infecté de ses
impietez vne grande partie de l'Europe. Mais si ces desordres ont apporté des nouueautez en la Religion, ils n'ont pas moins fait de
preiudice aux Princes Italiens, &
aux Papes principalement; car aussi
tost que les Roys d'Espagne m'eurent mis au pied ceste chaisne, ils
commencerent à aspirer l'Empire
de toute l'Italie : & pour y paruenir ils trouuerent moyen de prendre interest dans les differends que
les Princes Italiens auoient auec les
François sur le subiect du Duché
de Milan ; en quoy Charles le
Quint proceda si bien, qu'il fit re-

cognoistre qu'il estoit vrayement petit fils de son grand ayeul maternel, parce qu'ayant chassé les François d'Italie, auec les forces des Princes Ialiens, au lieu de remettre les Sforces dans leur Estat, comme il auoit esté accordé entre luy & les autres Princes de la Ligue, il les entretint de belles esperances, & à la fin apres mille sortes de ruses, & d'inuentions pleines de mauuaise foy, il s'empara d'vne piece de si grande importance. Demeurez là (dit alors Almansor) & me dites d'où procede que les Espagnols, ayant entre leurs mains le Duché de Milan, n'entreprennent point la conqueste du reste de l'Italie, & pourquoy les Princes Italiens n'aymerent pas mieux laisser Milan aux François, que d'appeller les Espa-

gnols à leur secours pour les en
chasser, puisqu'en ce faisant ils se
mettoient en danger, comme il est
aduenu, de faire tomber ce Duché
qui est vn des plus beaux Estats d'I-
lie, en la possession des Roys d'Espagne.

La puissance des Roys de France (respondit le Royaume de Naples) deffend ce qui reste de liberté en Italie, contre l'ambition des
Espagnols; car ces braues Princes,
ialoux de leur grandeur, & de leur
reputation, empeschent que les
Espagnols ne se rendent Maistres
de toute l'Italie, & n'adioustent
ceste puissance à celle que leur donnent les beaux estats qu'ils ont au
vieux monde, & la conqueste
qu'ils ont faite de tout le noueau.
D'ailleurs les Princes Italiens,

qui fçauent bien qu'ils courent le
hazard de tomber dans vne miserable seruitude, ont fait ensemble
vne si forte vnion, qu'encores que
ils soient plusieurs en nombre, ils
ne composent neantmoins qu'vn
corps; & les Espagnols qui font
tout ce qu'ils peuuent pour le des-
vnir & diuiser, recognoissent bien
qu'ils trauaillent inutilement, &
qu'ils pilent de l'eau dans vn mor-
tier.

Et pour ce qui est de l'autre
poinct, qui regarde la possession
du Duché de Milan : il faut que
vous sçachiez que l'on a iugé qu'il
y auoit plus de seureté pour l'Italie,
de faire tomber ce Duché en la
possession des Espagnols, que de
le laisser entre les mains des François ; par ce que la France estant si

proche qu'elle eſt de l'Italie, ſi les
Frãçois en poſſedoient la moindre
partie, il y auroit du hazard qu'ils
ne la miſſent toute entiere en leur
puiſſance: mais il n'en eſt pas ainſi
de l'Eſpagne, car encores que les
forces des Eſpagnols ſoient bien
grandes, toutesfois elles ſont ſi
eſloignees, que tant s'en faut qu'ils
en puiſſent enuoyer aſſez en Italie
pour la conquerir, qu'à peine y en
peuuent-ils faire paſſer autant qu'il
eſt beſoin pour garder ce qu'ils y
poſſedent.

Vous dites vray (dit alors Almanſor) mais pourſuiuez ie vous
prie, de me raconter l'intereſt que
les Papes auoient que vous ne de-
uinſiez point ſubiect aux Eſpagnols. Il faut que vous ſçachiez
(adiouſta le Royaume de Naples)

qu'autresfois les Papes donnoient
l'espouuente à mes Roys, & maintenant ils sont en perpetuelle apprehension, qu'vn iour Naples ne
se ioigne auec Milan ; à quoy ils
cognoissent que les Espagnols
dressent toutes leurs pensees : d'où
vient que les Espagnols, qui ne
manquent point de tirer du profit
de la crainte qu'ils donnent à leurs
voisins, ont acquis vne si grande
authorité en la Cour de Rome,
qu'ils se vantent d'estre arbitres de
tout ce qui s'y passe de plus important : d'ailleurs auant que les Roys
de Naples fussent Roys d'Espagne,
les Papes auec vne simple menace
de leur refuser l'inuestiture, se faisoient faire par eux des presens de
Principautez, Duchez, Marquisats
& autres grands Estats, & s'asseu-

roient de leur amitié, par le moyen
des alliances qu'ils faisoient auec
eux : & maintenant que les Roys
de Naples n'ont plus ceste crainte,
si les Papes veulent donner à leurs
parens quelque titre de dignité, il
faut qu'ils l'acheptent au poids de
l'or ; & encores les Roys d'Espagne non contens de vendre ce qui
depend d'eux plus cher qu'au marché, se font bien prier auant que
de rien promettre.

Ie confesse (dit Almansor) que
tous les interests dont vous m'a-
uez parlé, sont de tres-grande importance : mais vous qui estes le
magazin de la soye, & le grenier de
l'Italie, pourquoy allez-vous ainsi
deschiré, & d'où vient que vous
estes si maigre? Les Espagnols (respondit le Royaume de Naples)

qui viennent tous nuds d'Espagne,
ne veulent plus porter qu'or &
argent depuis qu'ils sont arriuez
chez moy ; de sorte que ie suis
contraint de me despoüiller pour
vestir tant de pieddeschaux : & si
vous sçauiez quels pillages commettent les Vice-Roys que lon
m'enuoye qui ne viennent en ma
maison que pour se remplumer ; &
si vous auiez cognoissáce des vole-
ries que font les officiers & les cour-
tisans qu'ils amenent auec eux, lesquels sont tous extremement alte-
rez, vous vous estonneriez comme
il est possible que ie remplisse tant
d'affamez. Quant à ce que vous
voyez que ie suis si maigre qu'on
me voit les os, les Espagnols disent qu'ils ont appris dans vn liure
d'vn certain Florentin, qui a don-

né les regles de la moderne Politique, qu'il faut que ie sois ainsi maigre, sec, & de legere taille, à la façon des cheuaux Barbes, qui ne seruent qu'à courre en lice, parce que
ie suis pays de conqueste.

Mais dites moy (adiousta Almansor) comment les Milanois
sont traictez. Ils ont ressenty le
mesme orage que moy, respondit
le Royaume de Naples, mais nous
differons en vn poinct, qui est, qu'à
Milan il ne fait que degoutter, &
que chez moy il y a vn deluge de
miseres : la diuersité de ces deux
traictemens depend de la differen-
ce des esprits Lombards, & des
Neapolitains. La Noblesse de l'E-
stat de Milan est d'vn naturel biza-
re, libre, resolu, & fort ennemy de
la complaisance , & de la flaterie,

qui eſt vn vice auquel les Neapolitains ſont infiniment ſubiects;
mais outre cela , elle eſt ſi haute à la
main , & a l'eſprit ſi pointilleux,
que les Milanois oſent bien dire,
que ſi vne ſeule teſte Cremonoiſe
ſe fut trouuee en la compagnie de
la Nobleſſe Neapolitaine, elle eut
bien empeſché les Eſpagnols de
me réduire au pain & à l'eau, comme elle a fait , & de me mettre en
l'eſtat où ie ſuis : & quand les Eſpagnols en ont voulu entreprendre
autant dans Milan, on leur a fort
bien reſpondu, qu'ils euſſent à ſe
contenter de viure doucement. Et
ce qui eſt cauſe encore que les Roys
d'Eſpagne ſont plus retenus dedás
Milan, eſt qu'ils ont le voiſinage
des Griſons,du Duc de Sauoye, &
de la Seigneurie de Veniſe, qui les

empefche de faire tout ce qu'ils voudroient bien. Quand les Papes eftoient puiffans en Italie, ils faifoient craindre leurs armes, on me refpectoit auffi en leur confideration: Mais Almanfor retirez-vous, car ie ne veux pas que Dom Pietre de Tolede, que ie voy venir icy, & qui eft le plus grand ennemy que i'aye, me voye foufpirer auec vous mes miferes; & c'eft en cela que ma captiuité eft malheureufe, que ie fuis contraint de donner le nom de fiecle d'or, & de felicité parfaicte à la rigueur de mes infortunes.

Le Seigneur Comte de Fuentes est receu à Parnasse.

CHAP. XXVII.

V dernier Confiſtoire qui a eſté tenu, Guſman Comte de Fuentes a eſté receu à Parnaſſe, apres vne exacte recherche de ſa vie ; car auant que de le faire entrer en la compagnie des Vertueux, Apollon a voulu s'informer particulieremét, ſi pendant le long temps qu'il a gouuerné le Duché de Milan, il n'auoit deſobligé aucun de ces excellens eſprits d'Italie, qui par leurs belles inuentions ſe ſont acquis le titre de fils aifnez des bonnes Lettres. Sa reception a efté fort trauerfee ; & ce qui luy a fait plus de tort, eft qu'on l'a accufé d'auoir plus trauaillé pendant qu'il a efté dedans Milan à femer des ialoufies, & nourrir des deffiances entre fon Maiftre & les Princes Italiens, qu'à gouuerner les peuples qui eftoient foubs fa charge : combien que toutes fortes de confiderations le deuffent porter à luy procurer leur amitié, fans regarder mefme à fa dignité : mais il a rompu toutes les difficultez que lon faifoit à fa reception, par la preuue concluante qu'il a fait, qu'il a vefcu en Italie comme vn monftre de nature, & que les actions qu'il y a faictes font autant de prodiges, n'y ayant iamais eu de Miniftre d'Efpagne en

Italie, qui ait esté ennemy de l'interest & du profit que luy : ainsi il a esté declaré digne de la demeure de Parnasse. Et dautant qu'Apollon l'auoit en opinion d'homme qui aymoit la Iustice, & qui haïssoit les medisans, parce qu'il sçauoit qu'il auoit purgé le Duché de Milan de ceste canaille, & qu'il en auoit remply les galeres d'Espagne, sa Maiesté luy a donné la surintendance sur les Poëtes Satyriques, auec pouuoir de punir certains Poëres, qui auoient l'impudence d'offenser l'honneur & la reputation des personnes constituees en dignité. Le grand Chancelier de sa Majesté a enuoyé au Comte de Fuentes dans vn bacin d'or, les Lettres patentes de sa reception, contenant tous les priuileges,

leges, honneurs, prerogatiues, &
profits accouſtumez ; toutesfois
auec vne reſtriction faite de la
main d'Apollon, qui eſt, que ſa
Maieſté commandoit abſoluëmét
de ne point ſortir de ſa maiſon
pour tout le mois de Mars.

Le Comte de Fuentes a eſté faſ-
ché de ce qu'Apollon auoit mis
ceſte reſtriction dans ſes Lettres; &
d'autant plus qu'elle ne ſe trouue
point dedans celles de Barthelemy
d'Aluiane, Pietre Nauarre, Antoi-
ne de Leue Marquis de Peſcaire, &
autres Capitaines Eſpagnols : &
partant il a ſupplié ſa Maieſté de la
faire rayer, mais ſes prieres ont eſté
inutiles; parce qu'Apollon luy a dit
qu'il n'en falloit plus parler, & que
ſi la charge qu'il auoit d'eſclairer le
monde luy pouuoit permettre de

P

se difpenfer de faire fon chemin ordinaire pendant le mois de Mars,
il s'en abftiendroit volontiers; parce que ce mois a cefte mauuaife
qualité, qu'il efmeut les mauuaifes
humeurs , & ne les peut refoudre:
& partant qu'il ne pouuoit fouffrir
que pendant ce temps on vift dans
Parnaffe vne perfonne qui a la
mefme qualité, & qui eft fubiect
au mefme deffaut. Toutesfois ce
refus n'a pas empefché les Efpagnols de faire des feux de ioye, &
de faire tirer l'artillerie pour la reception du Comte de Fuentes à
Parnaffe; car comme cefte nation
ne manque iamais de faire monftre de fes aduantages , elle eft auffi
extremement artificieufe à cacher
fes mefcontentemens. Or pendant ces refioüyffances, il eft arriué

sur l'heure de minuict, ou enuiron,
que la place où est assis le Palais
de la Monarchie d'Espagne, estant
pleine de Princes qui prenoient
plaisir à ceste nouueauté: le Comte
de Fuentes poussé ou par son genie seditieux, ou par son esprit fougueux & turbulent, ou par vn ressentiment particulier, ou pour
troubler la paix d'Italie, s'est pre-
senté pour declarer la guerre à ceux
qui viuent dans les douceurs de la
paix; & sortant de sa maison, il a
voulu faire souffler vn petard au
nez d'vn Prince Italien : mais le
petard a pris si tost feu, qu'il luy
a creué dans la main, & la flamme
qui en est sortie, luy a tellement
gasté le visage, qu'il s'est absenté
aussi tost de Parnasse, pour se faire penser de ceste bruslure en quel-

que lieu ſecret, ou comme diſent
quelques vns, pour la honte qu'il
a eu que l'affront qu'il vouloit faire à autruy, ſoit retourné ſur luy.
Mais la plus commune opinion
eſt, qu'il ne reuiendra pas en ceſte
Cour, parce que ceſte action luy a
fait perdre la gloire, & la reputation que le gouuernement du Milanois, & les entrepriſes de Flan-
dres luy auoient fait acquerir auec
tant de peine & de trauail.

Tous les Estats du monde sont repris de leurs deffauts à Parnasse.

CHAP. XXVIII.

E soing qu'Apollon a tousiours eu, que tous les peuples de l'Vniuers soient gouuernez par ceux qui sont establis pour leur commander auec iustice & equité, luy a fait faire il y a long temps vne loüable institution ; qui est, que tous les ans on escrit sur des petits billets les noms des principaux Potentats du monde, lesquels on met dedans vn vase pour les faire tirer l'vn apres l'autre, & à mesure qu'ó les appelle,

le Cenſeur des affaires Politiques
leur repreſente, en la preſence du
ſacré College des Lettrez, les deſordres & les abus qui ſe ſont gliſ-
ſez en leurs Eſtats, leſquels ils ſont
obligez de deffendre par raiſons
pertinentes, ou s'ils ne le peuuent,
ils ſont tenus de les faire ceſſer dedans le terme d'vn mois. Ceſte in-
ſtitution eſt cauſe d'vn tres-bon effect; car depuis qu'elle eſt eſtablie,
les Princes ſe ſont corrigez de
beaucoup de fautes qu'ils faiſoient
auparauant, & la crainte qu'ils ont
de rougir deuant tant de Princes
qui ſe trouuent en ceſte aſſemblee,
les retient en leur deuoir.

Doncques tous les Potentats de
l'Vniuers s'eſtans preſentez deuant Apollon au iour ordonné, le
Comte Baltazar Caſtiglion, Cen-

seur Politique, commença à parler à Monsieur le Reuerendissime Iean de la Case, Nonce pour le sainct Siege en ceste Cour, lequel fut tiré le premier, & luy dit, que c'estoit vne chose pleine de scandale, & indigne de la Maiesté, & de la grandeur des Papes, de voir à Rome des familles, qui ayans peu de biens de patrimoine, trouuent moyen d'acquerir de tres-grandes richesses, en tesmoignant aux Princes estrangers qu'elles recognoissent estre mal affectionnez enuers le sainct Siege Apostolique, que leur faction est assez forte pour broüiller l'Estat de sa Saincteté, quand il leur plaira, adioustant que l'action la plus honteuse qu'il auoit veu de son temps, estoit celle que fit l'Empereur Charles le

Quint, lors qu'il donna au Cardinal Pompee Colonne la charge de
Vice-Roy de Naples, pour le loyer
de la felonnie qu'il auoit commiſe
contre le Pape Clement VII. Alors
Monſieur le Nonce demanda au
Comte Baltazar Caſtiglion, s'il y
auoit long temps qu'il n'auoit eſté
à Rome? Et le Comte luy ayant reſpondu qu'il y auoit plus de ſoixante & dix ans; il repliqua que s'il y re-
tournoit à preſent, il trouueroit
que la grande quantité de verjus
que lon auoit fait prendre aux
Pompees, Fabrices, Proſperes, Aſ-
cagnes de la maiſon des Colonnes, Virginies, & autres Barons
principaux de la maiſõ des Vrſins,
auoit tellement agaſſé les dents de
leurs deſcédans, qu'ils auoient meſme de la peine à aualer leur potage;

& que cela eſtoit aduenu par la prudence des Papes, qui ſe ſouuenans
des entrepriſes qu'ils auoient faites de leur temps, auoient rendu
ces Pauots qui eſtoient deſia hauts
comme des Cyprez , plus petits
que des Nains. Ceſte réponſe ayát
contenté le Comte , il ſe tourna
deuers l'Empire Romain, qui fut
tiré le ſecond, & luy dit que les deſordres que lon voyoit dans toutes
les terres patrimoniales de la maiſó
d'Auſtriche, & dedás toute l'Allemagne, eſtoient cauſez par la negligence de l'Empereur Rodolphe, &
qu'il eût bien deſiré que ſa Maieſté
Imperialle embraſſaſt auec plus de
ſoin le gouuernement de ſes Eſtats,
ſe ſouuenant que les Princes que
Dieu a eſtablis pour cómander aux
hómes, ont ſur les bras vne charge

tres-grande, & tres-importante.
L'Empire Romain remercia le
Cenſeur de ſon bon aduis; & luy
reſpondit, que c'eſtoit vne diſgra-
ce commune à tous les Princes, d'e-
ſtre accuſez de negligence, lors que
lon voyoit des deſordres dans leurs
Eſtats, encore que lon recogneuſt
que la puiſſance de ceux qui s'e-
ſtoient declarez contr'eux, rendoit
toute la prudence humaine vaine
& inutile; que tout le monde ſçauoit que la ruine de l'ancien patrimoine de la maiſon d'Auſtriche,
auoit eſté cauſee par la ialouſie que
tous les Princes d'Allemagne, d'I-
talie, & du reſte de l'Europe auoiét
conceuë, de voir que ceſte maiſon
s'eſtoit renduë Maiſtreſſe, ſoit par
alliance, ou par conqueſte de la
Flandre, des Royaumes d'Eſpagne,

de Naples, de Sicile, de Boheme, de Hongrie, de Portugal, & du Duché de Milan, que ceste monſtrueuſe fortune, à laquelle elle eſtoit montee, auoit fait former contr'elle vne faction ſi puiſſante, que les Empereurs qui ont ſuiuy Maximilian premier, encore qu'ils fuſſent eſgalement prudens & courageux, n'ont iamais peu remettre l'Allemagne dedans l'obeyſſance, ny y reſtablir l'ordre que ces grandes diuiſions en auoient banny; tous les appareils qu'ils ont appliqué à vn mal ſi violent, n'ayant ſeruy qu'à faire la playe plus grande qu'elle n'eſtoit, & à attirer tant de mauuaiſes humeurs, qu'elles ont fait perdre toute eſperance de gueriſon. De ſorte que par le malheur du temps, l'authorité des Empe-

reurs ayant esté reduite au neant
en Allemagne, ce seroit vne espece
d'industrie de les vouloir obliger à
ce qui est hors de leur puissance;
comme ce seroit se moquer d'vn
homme qui auroit les mains liees,
de luy presenter vn luth pour le
prier de le toucher, ou de le mettre au milieu de ses ennemis pour
l'obliger de combattre vaillam-
ment: qu'outre cela il falloit considerer quelle est la qualité de
l'Empire; parce qu'estant electif,
ceux qui doiuent l'obeyssance y
sont plus puissans que ceux à qui
il appartient de commander: &
d'ailleurs qu'il remettoit deuant les
yeux du College des Lettrez la
foiblesse de la maison d'Austriche qui commande en Allemagne, laquelle a perdu le cœur &

l'affection de ſes ſubiects, par le
moyen des mouuemens que l'hereſie a excité entr'eux. Maudite
hereſie, qui corne par tout la reuolte, & qui faiſant ſecoüer le
ioug de l'obeyſſance en tous les
lieux où elle prend pied, a reduit
l'Empereur moderne à l'extremité de voir la plus grande partie de
ſes ſubiects ſouſleuez contre luy:
& que ſi lon vouloit faire reflè-
xion ſur la grandeur de la maiſon
d'Auſtriche qui regne en Eſpagne , lon trouueroit que les
peuples d'Allemagne qui ne peuuent viure en ſeruitude , vou-
lans s'aſſeurer contre vne ſi pro-
digieuſe puiſſance, recherchent les
moyens de l'abaiſſer, en exerçant
contr'elle des vengeances colla-
terales ; & portant leurs armes

contre ceux-là mesmes qui ne seroient pas exempts de la tyrannie
des Espagnols, si par malheur ils
paruenoient à l'Empire de l'Vniuers, duquel par la grace de Dieu
ils se reculent d'autant plus qu'ils
employent d'artifices pour s'en ap-
procher : Et de fait, que ce sont les
Princes de la maison d'Austriche,
qui commandent en Espagne, qui
ont esté les premiers à deschirer la
Maiesté de l'Empire, par l'vsurpation qu'ils ont faite du final, & des
autres fiefs Imperiaux qu'ils tiennent en Italie, & ailleurs : par le
moyen dequoy les Espagnols
ayans excité de mauuaises humeurs
lesquelles ils n'ont peu resoudre, &
animé tous les esprits contre la maison d'Austriche ; ils ont suscité de
puissans ennemis aux Princes de

ceste maison qui regne en Allemagne, en quoy leur dessein a reüssi,
qui n'estoit autre que de mettre
tout le monde en trouble & en
deffiance : & en fin qu'il supplioit
le sacré College, de considerer vn
malheur qui n'est pas moindre que
les precedens ; qui est, que le nouueau Empereur qui n'a point d'enfans, est chargé d'vn grand nombre de freres, l'vn desquels poussé
par les aiguillons de son ambition,
n'a point fait de difficulté ces iours
passez, de donner le branfle à sa
maison qu'il voyoit estre preste à
tomber par terre ; tous lesquels accidens sont capables d'estourdir vn
Prince aussi sage que Salomon. Le
Censeur Politique, & tous les Vertueux, trouuerent que les excuses
de l'Empire Romain estoient legi-

times. C'eſt pourquoy le Cenſeur
addreſſa ſa parole à la Monarchie
de France, & luy dit, que tout le
College deſıroit qu'elle moderaſt
vn peu les eſprits capricieux, própts
& violens de ſes François, & qu'elle les fiſt deuenir auſſi prudens, &
retenus que les Italiens, & les Eſpagnols ; adiouſtant qu'il y alloit
de ſon honneur, de voir que le
Royaume de France, qui tient le
premier rang entre les plus grandes Monarchies du monde, eſt ha-
bité par des hommes extremement
fougueux & turbulens. Mais la
Monarchie Françoiſe reſpondit à
cela, que le Cenſeur eſtant mal informé des ſes intereſts, donnoit le
nom de vice, & de deffaut, aux
principales vertus qu'elle aimoit en
ſes François, & blaſmoit en eux la
folie

folie, la legereté, & la promptitude, qui l'auoient renduë si puissante, & si redoutable : & à ce propos
elle luy dit, que les François s'ex-
posoient gayement, & auec vn
courage inuincible, à toutes sortes de hazards au moindre de ses
commandemens, & alloient librement aux occasions, où les autres
Princes estoient contraints de
pousser à coups de bastons leurs
subiects, sages, accorts, & circon-
spects; & que le grand nombre des
guerres qu'elle auoit fait à diuerses
nations puissantes, luy auoit apris
qu'vne armee composee de soldats
qui ont peu de iugement, & beaucoup de courage, & commandee
par vn general vaillant & aduisé,
estoit capable de vaincre ceux qui
faisoient profession de sagesse, &

Q

de prudence en toutes leurs actions.

La responſe de la Monarchie Françoiſe fut extremement loüee par le Cenſeur Politique, parce qu'il ſçauoit que le Royaume de France eſt en ſoy infiniment puiſ-ſant, & que les François poſſedent toutes les vertus qui ſont neceſſai-res pour fonder, accroiſtre; & maintenir vn grand Empire. Le Cenſeur s'eſtant apres cela adreſſé à la Monarchie d'Eſpagne, luy dit qu'il n'y auoit rien qui euſt tant de puiſſance pour attirer les eſprits des peuples, & principalement de ceux qui ſont ſubiects aux nations eſtrá-ges, comme la douceur & la courtoiſie de ceux qui ſont eſtablis pour les gouuerner, & qu'en cela elle faiſoit vne grande faute, parce qu'elle ne donnoit les charges de Gouuerneurs de Naples, de Milan, & de Sicile, qu'à ſes Eſpagnols, leſquels viuans en ces pays auec plus de grauité Caſtillane, & d'orgueil Eſpagnol, que ne pourroient faire les Roys meſmes d'Eſpagne, rendoient leur gouuernement extremement odieux, & offenſoient les meilleurs & plus fideles ſubiects qu'elle euſt en ſes Eſtats d'Italie : & outre ce qu'il eſtoit à deſirer qu'elle fiſt toutes ſes affaires tant grandes que petites, auec plus d'expedition & de promptitude qu'elle ne fait, parce que ſa longueur, & ſon irreſolution en la deliberation des affaires d'importance, luy auoient fait perdre de belles occaſions d'accroiſtre ſon Empire qui s'eſtoient preſen-

tees à elle. La Monarchie d'Espagne apres auoir remercié le Censeur des conseils qu'il luy auoit
donné, dit pour s'excuser , qu'vn
homme prudent & aduisé, qui a
vne femme ieune & belle, mais na-
turellement portee à la desbauche
& à la liberté, doit mieux aimer
qu'elle ait de la haine, que de la
bonne volonté, pour vn valet de
bonne mine qu'il a en sa maison:
& que quand à la longueur de ses
deliberations,elle cognoissoit bien
qu'elle estoit vicieuse , & qu'elle
luy faisoit tort, mais qu'il luy estoit
impossible d'y donner remede,par-
ce que Dieu pour certaines causes
que lon ne cognoist pas, ayant
creé ses Espagnols d'vn naturel
tout contraire à celuy des François,
& les ayant fait tardifs & irresolus,

au lieu que les François sont si prompts, que par leur precipitation ils ne mettét aucunes de leurs deliberations en execution, on ne pouuoit blasmer sa longueur, ny l'irresolution qu'elle auoit en ses affaires, dautant qu'en cela elle obeïssoit à la volonté de Dieu, qui luy auoit donné ceste humeur tardiue. Cela fait, la Sereniſſime Monarchie de Pologne ayant esté tirée, le Comte Baltazar luy dit, que tous les Princes de l'Europe euſſent bien desiré que le Roy Sigiſmond euſt traieté auec vn peu de rigueur sa Nobleſſe, qui s'eſt depuis quelque temps ſouſleuee contre luy, & euſt vsé enuers elle de la seuerité que meritoit vne telle faute, afin que la punition de ceſte reuolte empeſchaſt desormais

que lon ne fift de pareilles entrepri-
fes. A quoy la Monarchie Polo-
noife refpódit, que le chaftimét de
la Nobleffe qui eft neceffaire en vn
Eftat hereditaire, eftoit dangereux
en vn Royaume electif, & que les
Roys qui font obligez de leur efle-
ction à leur Nobleffe, ne pouuoient fans fe mettre au hazard de
perdre leur couronne, les traiter
auec la mefme rigueur, que les
Princes qui viennent à leurs Eftats
par fucceffion; parce que dans les
Royaumes electifs, ceux qui ont
le pouuoir d'eflire le Prince auquel
ils doiuent obeyr, en donnant le
commandement à celuy pour qui
ils ont de l'inclination, retiennent
toufiours par deuers eux les inftru-
mens qui font neceffaires pour re-
uoquer ce qu'ils ont fait, lors que

celuy qu'ils ont esleu ne leur donne pas la satisfaction qu'ils espe-
roient de son gouuernement : &
que le Roy Sigismond qui regnoit
en Pologne, estant le premier de
sa maison qui a tenu cest Estat, il
deuoit faire tout ce qui estoit en
luy, pour acquerir par douceur, &
par bons traictemens, la bonne
volonté de sa Noblesse, afin de
conseruer à ses enfans la succession
de ce Royaume, en laissant à ses
subiects par les effects de sa clemence, vne bonne odeur de son
regne, & de son nom: que ce conseil estoit d'autant plus important
au Roy Sigismond, que les Polonois en faisant l'ellection de leurs
Roys, iettoient ordinairement les
yeux sur ceux du sang Royal, lors
que leurs Princes auoient vescu

auec douceur & moderation, &
s'estoient acquis par leurs vertus
la bienueillance de la Noblesse,
honorans ainsi en la personne des
enfans le merite des peres, & con-
firmans par leurs suffrages l'ordre
de la succession: & que côme ceste
nation ne peut demeurer en pleine
liberté, ny souffrir vne entiere seruitude, ses Roys deuoiét s'efforcer
de gaigner sa bône volonté, en fei-
gnant qu'ils ne voyoient pas, &
en tesmoignant qu'ils ne vouloient pas sçauoir toutes choses,
parce que la dissimulation, & la
conniuence, sont les armes auec
lesquelles les Princes doiuét pouruoir à leur seureté dans les Royaumes electifs. Ceste iustification fut
trouuee excellente, tant par le Censeur, que par le sacré College des

Vertueux. Et en fuite la Monarchie Angloife ayant efté tiree, le
Cenfeur luy dit auec vn vifage vn
peu efmeu, & neantmoins auec des
paroles pleines de douceur, que la
prudence & la fageffe eftoient plus
neceffaires aux Princes, qu'à toutes autres perfonnes, à caufe du
gouuernement des hommes qu'ils
ont entre leurs mains; & que comme la crainte de Dieu eft le princi-
pe de toute la fageffe humaine, on
ne pouuoit pas efperer vn bon
gouuernement de celuy qui s'e-
ftoit tellement oublié, que de
tourner le dos à Dieu : & partant
qu'il la fupplioit de faire fçauoir à
Iacques fixiefme, maintenant Roy
de la grande Bretagne, que le pre-
cepte Politique que l'Angleterre,
& l'Efcoffe ont mis effrontémét en

vfage d'accommoder la confcience au defir ambitieux de regner, &
de fe feruir de la Religion pour attirer l'affectió des peuples, eftoit vne
certaine maxime d'Eftat que les anciens n'auoient pas recogneuë, ou
n'auoient pas voulu practiquer, à
fin de ne point cómettre vn fi grãd
crime contre la Maiefté de Dieu:
que cela luy deuoit faire apprehender les horribles calamitez qui font
arriuees à l'Empire Grec, lequel
furpaffoit de beaucoup l'Angleterre en eftenduë de domination, en
multitude de fubiets, en puiffance,
& en richeffes; & neantmoins pour
auoir quitté l'vnité de l'Eglife Catholique, & fait vn fchifme en la
Religion, en refufant de recognoi-
ftre la primauté du S. Siege Apo-
ftoliq. a efté tellemét abandóné de

Dieu, que maintenant on le voit
efclaue de la plus vile & barbare
nation qui de la memoiredes hommes ait iamais cómandé fur la terre:
que ce qui deuoit principalement
l'obliger de fe recócilier auec Dieu,
eftoit qu'eftant Seigneur de deux
Royaumes ennemis, il luy eftoit
impoffible sás vne particuliere grace de Dieu, d'eftablir vne bóne vnió
entre ces deux couronnes, & qu'au
lieu d'appaifer la colere de fa Maiefté diuine,il l'excitoit tous les iours
dauantage contre luy, employár la
plus grande partie de fon loifir dás
les difputes de la Religion, à deffendre les erreurs de la fecte dont il
fait profeffion. La Monarchie Angloife ne refpondit à cefte rude &
iufte cenfure que par les larmes.

Le Comte s'eftant apres cela
tourné deuers l'Empire des Otho-

mans, il luy dit qu'il n'y auoit perfonne qui ne iugeaſt que c'eſtoit
vne action barbare, de faire mourir ſur de foibles ſoupçós les principaux Miniſtres de ſon Eſtat,
comme il faiſoit ordinairement, &
que dans les Royaumes bien re-
glez on ne mét iamais la main ſur
les hommes qui ont rendu des ſer-
uices ſignalez, & qui ſe ſont rendus
recommandables par leur merite,
s'ils ne ſont preuenus de grands
crimes, & ſi la preuue n'eſt bien
forte contr'eux, & qu'encoresque
les Princes Othomans peuſſent
iuſtement oſter la vie à leurs Miniſtres, il y auroit touſiours de l'in-
iuſtice de confiſquer leurs biens, &
en priuer leurs enfans, comme ils
ont accouſtumé ; parce qu'il ſemble qu'ils exerçent pluſtoſt ceſte ri-

gueur contr'eux pour les defpoüiller de leurs richeffes, que pour les
punir des fautes qu'ils ont faites.

L'Empire Othoman refpondit
à cefte remonftrance, auec vne
grauité merueilleufe, difant que
deux chofes l'auoient porté à la
grandeur où il eftoit monté, fçauoir fa profufion à donner des recompenfes à ceux qui l'auoient
bien feruy, & fa rigueur à punir
ceux qui auoient entrepris contre
fon authorité,& que le fondement
de la paix, & du repos de toutes les
Republiques, eftant appuyé fur la
fidelité des premiers & principaux
Miniftres, les Princes deuoient
amorcer leurs fubiects par l'efperance des recompenfes,& deftour-
ner les rebellions par la feuerité des
chaftimens, & qu'en ce qui regar-

de les perſonnes des Miniſtres d'E-
ſtat, les ſoupçons font les crimes;
parce que comme ils ont en leur
puiſſance les armes, le Prince, & le
gouuernemét de l'Eſtat, ils ne peu-
uét faire de petites fautes; tellemét
qu'en ce cas, le Prince ne ſe doit pas
arreſter à ouyr des iuſtifications,
mais pour faire ſes affaires aſſeuré-
ment, doit s'efforcer de ſurprendre
ſon Miniſtre, & faire en ſorte que la
punition precede l'accuſation, parce que ſouuent il eſt aduenu que
par ce moyen on a empeſché l'execution des trahiſons qui ſe tra-
moient contre l'Eſtat, & qu'encores que ceſte maxime ſoit pleine de
rigueur, elle a neantmoins bien
reüſli à ceux qui l'ont priſe à propos, & a empeſché que lon n'ait
veu dans ſes Eſtats mille monſtres

d'infidelité que lon a veu ailleurs,
à la honte des Princes qui n'ont
pas eu le courage de preuenir par
vne bonne refolution des crimes
fi mefchans , ou qui n'ont pas fçeu
que les Miniftres qui donnent le
moindre foupçon à leurs Maiftres,
font dignes de mort, & que ceux
qui ont la charge des armees , &
les forces de l'Eftat entre leurs
mains, font obligez de viure auec
autant de candeur & de pureté,
que les femmes des hommes
d'honneur , lefquelles doiuent
eftre exemptes non feulement de
faute, mais auffi de tout foupçon
d'impudicité.

Que pour ce qui regarde le fecond poinct de fon accufation , &
de la Cenfure propofee contre luy,
il peut dire veritablemét qu'il n'y a

point de comparaison entre les
prefens qu'il fait à fes fauoris, & les
dons que font les autres Princes,
que les richeffes qu'il diftribuë à
ceux qui l'ont bien feruy, font fi
grandes, qu'elles fe peuuent efga-
ler aux trefors de beaucoup de
Roys, comme lon a veu par les
grands biens que Ruftin, Mehe-
met, Ibrahin, & plufieurs autres,
ont laiffé apres leur mort; & que
comme les Princes doiuent principalement pourueoir à ce qu'ils ne
puiffent receuoir de dommage de
leur liberalité, & que les grands
biens, au prix defquels ils achetent
la fidelité de leurs fubiects, ne
foient point employez à leur ruine
par les heritiers de ceux qu'ils ont
voulu gratifier. Il luy femble que
c'eft chofe pernicieufe, de permet-

tre

tre que les enfans ſuccedent aux
grandes richeſſes que leurs peres
ont acquis par leur merite, ſi de
leur part ils n'ont obligé leur Prince par leur vertu, & par leurs ſerui-
ces, de les laiſſer en la poſſeſſion des
biens dont leuts peres ioüiſſoient;
parce qu'à faute d'auoir tenu ceſte
maxime, diuers deſordres ſont arriuez dans les Eſtats des autres Potentats, leſquels ne ſe peuuent euiter que par l'exercice de ceſte rigueur; & ainſi que c'eſt mal iuger
de ſes actions, de croire qu'il con-
fiſque les biens de ſes Baſſas par
auarice, puis qu'au contraire il pa-
roiſt aſſez que ce qu'il en fait eſt
pour empeſcher l'oiſiueté, & de-
ſtourner du vice ceux que la naiſ-
ſance doit obliger à l'amour de la
vertu, afin que ſe monſtrans heri-

R

tiers de la valeur de leurs peres, ils
puiſſent meriter de ioüir des biens
qu'ils poſſedoient, en faiſant des
actions dignes de ſa liberalité, laquelle tient touſiours la porte de
ſes treſors ouuerte aux enfans de
ſes Miniſtres, pour leur rendre au
double les richeſſes de leurs peres,
lors qu'ils auront teſmoigné leur
affection à ſon ſeruice, & leur fidelité, adiouſtant que l'exemple de ce
qui s'eſtoit nouuellement paſſé en
France, & en Flandre, faiſoit aſſez
cognoiſtre combien les grandes richeſſes entre les mains d'vn homme vitieux, & d'vn ſubiect qui a de
l'ambition, ſont capables de troubler la paix publique d'vn Eſtat.

L'Empire Othoman eſtant ſur ce
diſcours, remarqua que la Sereniſſime Monarchie Frãçoiſe ſecoüoit
la teſte, pour teſmoigner qu'elle

n'aprouuoit pas ſes maximes. C'eſt
pourquoy il luy dit auec vn peu
d'eſmotion : Sereniſſime Reyne, la
couſtume que i'ay d'oſter les biens
à mes Baſſas eſt vtile à ma grädeur,
& au repos de mon Eſtat, & ie vou-
drois pour l'amitié qui eſt entre
vous & moy, qu'elle ſe fuſt pratiquee en voſtre France, car elle euſt
empeſché vn de vos Princes d'vſer
mal des grandes richeſſes que ſon
pere tenoit de la liberalité des Roys
François premier, & Henry ſecond : & vrayement ce Prince là
n'a que le malheur qu'il merite
qui nourrit des ſerpens dans ſon
ſein, & qui pour ne ſçauoir pas
vſer d'vne iuſte ſeuerité, eſt cruel
contre luy meſme. Vous ſçauez
auſſi bié que moy, qu'il n'y a rié au
monde de ſi doux que la Royauté;

& puis que c'est chose asseuree qu'il
n'y a point d'homme, qui pour regner, ne mist librement sa vie au
hazard, les Princes doiuent soi-
gneusement fermer tous les passages par où lon peut entreprendre
sur l'Estat, & destourner par leur
rigueur les esprits de leurs subiects,
de toutes pensees ambitieuses, &
establir si bien leurs affaires, que
les particuliers perdent l'espoir
d'atteindre iamais à la souueraine-
té : & ie vous dis librement que si
ce Prince eust seulement songé
dans mon Estat, à ce qu'il a fait
auec tant de scandale dedans vostre
France, dés le premier iour ie luy
eusse ioüé le tour auquel l'vn de
vos Roys ne se peut resoudre qu'à
toute extremité, encores qu'il y
fut poussé par la plus grande partie

des Prin[ces] d'Italie : car depuis que
l'amb[iti]on ſe gliſſe entre la Nobleſſe, les Princes ſont obligez d'e-
ſtre pleins de rigueur pour punir les
ſeditieux, & d'ouurir leurs treſors
pour recompenſer ceux qui les ſeruent auec fidelité : en fin celuy-là
eſt indigne de commander, qui n'a
pas l'eſprit de ſe faire obeyr ; comme auſſi ne peut-on rien voir de
plus mauuais exemple en vn Eſtat,
qu'vn Prince qui eſt en deffiance
de ſon ſubiect, & vn ſubiect qui
donne de la ialouſie à ſon Maiſtre,
au lieu que ſa dignité le deuroit faire trembler. Mais vous autres Princes d'Europe, qui faites profeſſion
d'auoir la cognoiſſance des Lettres, & de viure par les regles de la
vraye Politique, vous m'appellez
Barbare, & nommez les rigueurs

de mon gouuernement tyranni-
ques, & vous preferez à voftre feu-
reté les vertus heroïques de la clemence, & de la douceur, qui quelquesfois vous reduifent à la neceſ-
fité d'endurer des chofes hôteufes.

Il n'eft pas poſſible de reprefen-
ter combien le difcours de l'Empire Othoman offenfa tous les Vertueux; car pour luy tefmoigner le
defplaifir qu'il luy auoit donné, ils
fe leuerent de leurs fieges, & luy dirent tous en colere, qu'il leur eftoit
bien facile de monftrer par la force
de la raifon, que tout ce qu'il auoit
dit eftoit mefchant, & indigne de
fortir de la bouche d'vn homme de
bié, & d'eftre efcouté par des perſó-
nes qui font profeſſion d'hôneur.

A quoy l'Empire Othoman repliqua en foufriant, qu'en ce qui
eftoit du gouuernement Politique,

il falloit aſſubiettir les actions mo-
rales à la maxime d'Eſtat, & que la
paix & le repos public, deuoit eſtre
preferé à tous autres intereſts.

Alors le Cenſeur voulant empeſcher la continuation d'vne diſpute
ſi odieuſe, ſe tourna vers le grand
Duché de Moſcouie, & luy dit que
la principale grandeur d'vn Prince,
eſtoit d'auoir des ſubiects qui fiſ-
ſent eſtat des bonnes lettres, & de la
vertu, & que le ſoin qu'il prenoit de
faire viure ſes peuples dans l'igno-
rance, luy donnoit fort mauuaiſe
reputation par tout le monde, parce que chacun ſe mocquoit de ce
qu'il auoit banny les arts liberaux
de ſon Eſtat, & de ce qu'il permettoit ſeulement à ſes peuples d'apprendre à lire, & à eſcrire.

Le Duché de Moſcouie reſpondit

à ceſte Cenſure, que la cognoiſſance qu'il auoit des troubles que
les Lettres auoient ſemé dans les
Eſtats où elles auoient eſté receuës,
l'auoit fait reſoudre de les bannir
de ſes terres, iugeant que c'eſtoit
vne grande folie à vn Prince qui a
vn grand peuple ſoubs ſon gouuernement, de luy permettre de
s'employer à l'eſtude des Lettres,
leſquelles le tirant de l'eſtat de l'in-
nocence auec laquelle Dieu l'a fait
naiſtre, luy donnent l'inuention
de s'armer, pour ſe ſouſtraire de
l'obeyſſance, à laquelle par ſa naturelle ſimplicité, il ſe laiſſe aſſubiettir : & que comme la chaleur eſt la
propre qualité du feu ; le vray & ordinaire effect que produiſoient les
Sciences, eſtoit de transformer les
ſimples brebis en renards fins &

rufez ; & que fon opinion eftoit, que fi les Allemans, Holandois & Irlandois, fuffent demeurez dedans l'ancienne fimplicité, & fi leurs Princes euffent empefché que ces nations n'euffent infecté leurs efprits de la pefte des Lettres Grecques & Latines, ils n'euffent iamais eu le iugement de former des Republiques fi parfaites, qu'elles furpaffent l'efprit de Solon, la fageffe de Platon, & toute la Philofophie d'Ariftote, à la ruine de l'ancienne Religion, & des Princes qui commandoient auparauant à ces belles Prouinces.

Cefte refponfe troubla infiniment le Cenfeur, & tout le facré College des Lettrez ; & de fait ils repliquerét auec vn vifage enflammé, qui tefmoignoit leur efmo-

tion, que les raifons du grand Duc
de Mofcouie eftoient pleines de
blafphemes; & mefme il fembloit
que les Vertueux vouluffent tefmoigner par effect leur reffenti-
ment: car la colere les auoit tellement efchauffez, qu'ils ne perdi-
rent pas courage, encores qu'ils
viffent que les plus puiffantes Monarchies mettoient les mains aux
armes pour deffendre le Mofcoui-
te, lequel fe voyant affifté par tant
de Potentats, deuint plus infolent,
& dit tout haut, que celuy qui
voudroit fouftenir que les Lettres
ne troublent point le repos des
Eftats, & qu'il n'eft pas plus facile de gouuerner vn milion d'ignorans, que cent hommes de lettres,
pluftoft naiz au monde pour commander, que pour obeïr, en auoit
menty.

Ce genereux dementy fit monter le feu au visage de tous les Vertueux, lesquels dirent courageuse-
ment que le Moscouite auoit parlé
insolemment, & en ignorant, &
qu'il leur estoit bien facile de luy
prouuer que les hommes despour-
ueus de la cognoissance des lettres,
estoient des asnes, & des bœufs à
deux iambes.

Ils estoient prests d'en venir aux
mains, quand le Censeur leur
cria, Arrestez-vous, rendez à ce
lieu le respect qui luy est deu, nous
y sommes assemblez pour corriger
les desordres, & non pas pour faire
de nouueaux scandales; & aussi
tost chacun porta tant de respect à
la maiesté du Censeur, que les Princes & les Lettrez appaiserent la colere, & le despit qui les animoit les

vns contre les autres.

Il ne faut pas oublier que le Sere-
nissime Duc Durbin, qui auparauant estoit assis au banc des Princes, se mit du costé des Vertueux en mesme temps qu'il vit la querelle formee, & que s'estant placé au premier rang, il tesmoigna qu'il estoit resolu de deffendre les arts liberaux, en peine de perdre son Estat.

Ainsi le bruit estant appaisé, le Censeur dit à la Serenissime liberté Venitienne, qui fut apres tiree du vase, que la plus grande difficulté qui se rencontroit au gouuernement des Aristocraties, estoit de tenir en bride les ieunes Gentils-hommes, & qu'il estoit bien souuent aduenu que la licence qu'ils prenoient de desobliger les principaux Bourgeois, auoit auancé la ruine des Republiques mieux policees, & que la crainte d'vn pareil euenement luy faisoit entendre auec desplaisir, que la ieune Noblesse Venitienne par ses façons de faire superbes & orgueilleuses, offensoit quantité de personnes d'honneur, & d'honorables Bourgeois demeurans dans les villes de la domination de ceste Republique, & qu'il y en auoit qui se plaignoient de ce qu'à toute heure l'insolence de la Noblesse augmentoit, & les chastimens diminuoiét, chose tres-dangereuse en vne Aristocratie, dont le gouuernement doit estre exempt des oppressions ausquelles sont subiects ceux qui viuent dans vne Monarchie soubs l'obeïssance d'vn Prince souuerain.

A cela respondit la Sereniſſime liberté Venitienne, que le deſordre remarqué par le Cenſeur, eſtoit veritable & dangereux, mais que lon voyoit ordinairement l'orgueil, & l'inſolence, attachee à la puiſſance, & à l'authorité du commandement; & que tous ceux qui auoient parlé des Republiques, auoient bien iugé qu'il eſtoit impoſſible d'empeſcher la Nobleſſe de viure licentieuſement auec les Bourgeois, & que c'eſtoit vne maladie dont la gueriſon eſtoit deſeſperee; parce qu'encores qu'il fuſt bien à propos de punir ſeuerement telles inſolences, d'autre coſté on auoit eſtimé que dans les Ariſtocraties on ne deuoit punir publiquement les Gentils-hommes que le moins que lon pouuoit, bien qu'ils

fuſſent ſeditieux, afin de ne point
donner aux peuples mauuaiſe
impreſſion de la Nobleſſe, laquelle ayant entre les mains le gouuernement de l'Eſtat pour l'intereſt de la conſeruation de la liberté, doit touſiours eſtre mainte-
nuë en tres-bonne reputation:
& que ſi lon ne voyoit pas dans
la ville de Veniſe auſſi ſouuent,
qu'il ſemble que beaucoup deſire-
roient, faire punition des plus in-
ſolens en la place de ſainct Marc,
& entre deux colonnes, les fautes ne demeuroient pas pourtant
ſans chaſtiment, parce que les Ma-
giſtrats qui ont le pouuoir de di-
ſtribuer les charges, ont accouſtumé de punir ceux qu'ils deſ-
couurent eſtre portez à la tyrannie par des refus honteux,

qui bleſſent tellement la reputation de ceux qui les reçoiuent, qu'il
y a des Gentils-hommes de maiſon bien ancienne, qui ayant vne
fois eſté rebutez, n'ont iamais peu
reuenir aux honneurs & aux dignitez, ce qui eſt vn tres-grand
ſupplice dans les Ariſtocraties, où
la Nobleſſe n'a point d'autre ambition que de paruenir aux charges
publiques. De ſorte que la plus
grande peine que puiſſe ſouffrir vn
Gentil-homme Venitien, c'eſt de
voir que le Senat en la diſtribution
des charges, luy fait perdre ſon
rang, pour faire paſſer deuant luy
vn autre Gentil-homme plus ieune que luy, en conſideration de
ſon merite.

Le Cenſeur admira la prudence
de l'Illuſtriſſime liberté de Veniſe,
&

& loüa la sagesse auec laquelle elle se gouuernoit pour punir sa Noblesse quand elle auoit failly.

Et incontinent apres il dit au Duc de Sauoye, que son Estat estant assis entre la France & l'Italie, il estoit obligé de demeurer neutre entre les Princes desquels il confinoit les terres, & qu'aux derniers mouuemens de France, ayant ouuertement pris le party Espagnol, il auoit mis en peine & en danger son Estat, & celuy de tous les Princes Italiens; & qu'il deuoit bien se persuader que le feu qu'il nourrissoit en France, poussé du mouuement de l'ambition Espagnole, enseueliroit dedans ses flammes ses amis, & ses parens, auant que de s'attacher aux autres Princes Italiens.

S

Le Duché de Sauoye respondit incontinent au Censeur, que si son dernier Duc auoit pris le party Espagnol, il auoit eu vne si belle esperance en se voyant trois sept en main, qu'il auoit creu estre obligé d'aller de son reste, se promettant de rencontrer la plus belle premiere qui iamais soit venuë à aucun autre Prince; & s'exposant au hazard du ieu d'autant plus volontiers qu'il sembloit qu'il fust raisonnable que ce qui auoit esté gaigné au ieu s'y perdist, & que si depuis il luy estoit entré par malheur en sa quatriesme carte vne figure, qui luy auoit faict faire le plus mauuais poinct qui fust en tout le ieu des cartes, il sçauoit bien que les plus grands ioüeurs eussent eu la mesme esperance, & eusseut ioüé de la mesme façon.

Le Censeur entendit bien ce que le Duché de Sauoye vouloit dire, & loüa la genereuse resolution de ce Duc, lequel par vne action pleine de gloire, & de prudence, mit au hazard la grandeur de sa fortune, pour conioindre ses interests auec ceux d'vn Prince, par la mort duquel il estoit habile à recueillir la succession de la plus grande partie du monde.

Le Censeur se tourna en suite deuers le grand Duché de Toscane, & apres l'auoir repris de ce qu'il prouoquoit tous les iours l'ennemy de la Chrestienté, par le moyen des courses que faisoient ses galeres, il luy mit deuant les yeux les malheurs qui eſtoient arriuez aux Cheualiers de ſainct Iean de Ieruſalem à Rhodes, & à Tripoly, & le danger auquel ils ſe ſont trouuez nouuellement à Malte, pour auoir entrepris ſur luy mal à propos, & ſans aduantage, l'aduertiſſant que les Princes Chreſtiens feroient mieux d'entretenir le Turc dedans la pareſſe, & la poltronnerie qui le tient maintenant, que de l'eſueiller par des entrepriſes de peu d'importance, & qui peuuent cauſer du mal à autruy ; & par ce moyen l'obliger de penſer à ſe faire fort ſur la mer comme il eſtoit autresfois. Il luy repreſenta encore, qu'vn nombre infiny de peuples ſe plaignoit, de ce que l'empeſchement que ſes armes apportoient au trafic des marchandises du Leuant en Italie, auoit fait infiniment encherir toutes les drogues qui venoient d'outre-mer.

A quoy respondit le grand Duché de Toscane, que la puissance d'vn Prince ne pouuoit estre parfaicte s'il n'auoit quantité de vaisseaux de guerre sur la mer, & que ses galleres estoient infiniment necessaires pour maintenir l'Estat de la Toscane, & toute l'Italie en liberté ; parce qu'il en sortoit de bons hommes de mer, des Capitaines excellens, & de tres-sçauans Pilotes : que de verité il recognoissoit que ses armes empeschoient le trafic, mais qu'il falloit considerer que la guerre ne se pouuoit faire sans incommoder quelqu'vn, & que ses

ſubiects eſtans d'vne humeur ennemie du repos ; il eſtoit obligé
d'employer ſes galeres pour purger ſon Eſtat des eſprits broüillons
qui le pouuoient troubler, ſe ſeruant pour hommes de rames , de
ceux qui auoient deſia merité la
mort, & pour ſoldats, de ces eſprits turbulens qui pourroient ſe
ſe porter à faire pis. Le Cenſeur, &
le ſacré College receut auec ap-
plaudiſſement l'excuſe du grand
Duché de Toſcane.

Et apres le Comte s'adreſſant
à la Sereniſſime liberté de Genes,
qui fut tiree la derniere , il luy
dit que l'vſage du change qu'elle permettoit à ſa Nobleſſe, eſtoit
cauſe que les particuliers s'enri-
chiſſoient à la ruine du public, &
que le profit qui viendroit d'vn

trafic legitime , seroit plus honorable, & suffiroit pour leur faire
acquerir de tres-grands biens : &
finalement que si elle venoit à deffendre le change à ses subiects,
elle en tireroit vn grand aduantage ; parce que par ce moyen sa Noblesse quitteroit l'intelligence que
elle a auec les Espagnols, laquelle
luy donne si mauuaise reputation
dans le monde.

La liberté de Genes respondit
auec vne promptitude qui contenta tous les Lettrez, que de verité le
change produisoit les effects que le
Censeur auoit remarquez , & que
l'vsage en estoit tres - dangereux
dans les Monarchies, mais que dans
vne Republique bié policee, il pouuoit estre permis à la Noblesse sans

crainte que le public en receuſt du dommage ; parce que les biens des particuliers ſont les plus riches tré-ſors, que poſſedent les Eſtats qui viuent en liberté. Et au contraire, dans les Monarchies, le domaine des Princes, & des ſubiects, n'a rien de commun ; & d'ailleurs les peuples n'ont point d'intereſt aux changemens qui arriuent aux Eſtats Monarchiques ; parce que le Prince ne meurt iamais, & que quand l'vn eſt decedé, l'autre entre en ſa meſme authorité, & ne fait que changer de nom : mais dans les changemens des Republiques, la ſeruitude ſuccede ordinairement à la liberté. Tellement que les particuliers, pour l'intereſt de leur conſeruation, ne font point de difficuté d'employer tous leurs biens pour soulager les necessitez publiques.

Et pour le regard de l'intelligence que sa Noblesse a auec les Espagnols, elle supplia le Censeur de bien considerer à qui elle fait plus de mal, ou aux Espagnols, ou aux Geneuois; & elle l'asseura que tout le profit luy en reuenoit, & que les Espagnols n'en pouuoient tirer aucun aduantage.

La Monarchie d'Espagne pre-
sente la charge de Secretaire
d'Estat au Cardinal de To-
lede, lequel la refuse, & dit
les raisons qui le portent à
faire ce refus.

CHAP. XXIX.

L a couru vn bruict
en ceste Cour, que
la puissante Monar-
chie d'Espagne a
voulu faire l'Illustris-
sime Cardinal de Tolede, son Secretaire d'Estat, & qu'elle luy a of-
fert vn bon appointement pour
entrer dans son Conseil, en qualité
de Theologien, afin qu'il ne s'y de-

libere rien contre sa conscience, ce
qui a causé vn estonnemét general
en ceste Cour; parce que chacun
sçait que ce Prelat ne fauorisa au-
cunemét les desseins de son Prince,
lors de l'absolution du Roy Tres-
Chrestien Henry IV. Tellement
qu'ó ne peut s'imaginer pourquoy
vne Princesse si sage, & si accorte en
vn affaire si importante, a voulu se
seruir d'vn Ministre si peu cófident.

Ceux qui font profession de cognoistre mieux le procedé de la nation Espagnole, ont recogneu en
ceste deliberation la prudence des
Roys d'Espagne, lesquels ne s'ar-
restent iamais iusques à ce qu'ils
ayent attiré à eux par pensions,
charges, tesmoignage d'amitié, &
autres artifices, ceux qu'ils recognoissent estre d'affection cótraire
à leurs desseins, & dont auec le téps

ils peuuent tirer du seruice : &
les plus confidens de ce grand
Cardinal disent, qu'il accepta auec
allegresse la charge qui luy fut pre-
sentee, mais auec vne condition
que les Espagnols ne voulurent
pas receuoir, qui est que s'il pouuoit monstrer au Conseil du Roy,
par l'authorité de la saincte Escri-
ture, par la doctrine des saincts
Peres, & par la disposition Cano-
nique, que les resolutions que l'on
y prenoit estoient contraires à la
Loy de Dieu, & des hommes, il
vouloit auoir luy seul, le pouuoir
d'en empescher l'execution, afin
que le monde vist que ce qu'on
appelloit vn Theologien en ce
Conseil estoit à bonne fin, &
qu'on ne l'y faisoit pas entrer
pour authoriser les vsurpations

des Royaumes; mais pour regler la conscience de son Prince selon la volonté de Dieu, luy semblant que c'estoit vne chose honteuse qu'vn homme de sa qualité fust employé pour establir la diaboli-que impieté de la nouuelle maxi-me d'Estat, & pour faire prendre aux foibles esprits les choses plus puantes, pour musc de Leuant.

Apollon reiette la proposition qui luy est faicte pour trouuer de l'argent.

CHAP. XXX.

L y a auiourd'huy si peu d'argent dás tout l'Estat de Parnasse, que non seulement l'espargne de sa Maiesté, & les tresors des plus gráds Princes de ceste Cour, mais mesmes les Gentils-hómes, les marchans, & les artisans, en reçoiuent vne tres gráde incommodité. C'est pourquoy sa Maiesté commit il y a quelque temps, les Intendans de ses fináces, & autres personnes, pour aduiser ce

que lon deuoit faire pour remedier
à ce defordre: & ces Deputez s'eftás
affemblez, apres auoir longuement
deliberé fur cet affaire, ont efté
d'aduis qu'il falloit obferuer à Parnaffe, la couftume qui eft introdui-
te en Italie, dans les Eftats de beaucoup de Princes, de vendre les reuenus publics aux particuliers, en
payant par les acheteurs l'honnefte
intereft de fix pour cent, & de permettre aux particuliers de prefter
leurs deniers, en prenant le proffit
de huiĉt pour cent.

Ce party ayát efté propofé à Apollon, il le trouua fort mauuais, le iugeant pernicieux tát au public, que
aux particuliers, & dit qu'il ne vouloit pas engager les reuenus publics
de fó Eftat, & par cefte actió dóner
fubieĉt aux autres Princes d'aliener

pendant leur vie leur domaine, lequel ils font obligez de tranfmet-
tre à leurs fucceffeurs, comme ils
l'ont receu de leurs predeceffeurs;
dautant que par ce moyen, non
feulement on aduançoit la ruine
des Eftats, mais auffi on lafchoit la
bride à l'auarice, & à la malice des
Princes , qui regnans dans les
Royaumes electifs, où n'ayans
point d'enfans , ny heritiers de
leur fang, qui leur puiffent fucce-
der dans les Royaumes heredi-
taires, pourroient diuertir les fi-
nances, qui font les vrays arfenals
des Monarchies, & dont la diminution a caufé l'affoibliffement
des Eftats des Princes , qui pour
leur intereft particulier ont donné cours à vn fi grand defordre.

Et à ce mefme propos, Apollon
adioufta

adiousta, qu'en beaucoup de lieux
on auoit fort augmenté les le-
uees sur le peuple ; parce que les
Princes auoient trouué leur domaine engagé par leurs predeceffeurs, & que pour pouruoir aux
necessitez de leurs Estats, & aux
affaires particulieres de leurs maifons, ils auoient esté contraints
malgré eux, d'introduire de nouuelles fortes d'impositions, & d'en
charger leurs peuples, quoy qu'à
peine ils peuffent fatisfaire au
payement des tailles ordinaires.

Qu'il estoit bien à craindre que
quelque iour cet abus ne caufaft vn
grand malheur ; parce que les
Princes ne pouuans plus charger
leurs peuples fans dáger de voir vn
foufleuement general de tous leurs
fubiects, fe verront contraints de

T

rentrer de leur authorité dans leur domaine, & d'en defpoüiller ceux qui en ioüiffent, authorifant leur violence de ce feul moyen, que leurs predeceffeurs ne le pouuoient engager au preiudice de l'Eftat.

Et que les Royaumes eftans fujects de receuoir la loy des victorieux, s'il arriuoit qu'vn Eftat dont le domaine fut ainfi aliené, vint à eftre vfurpé par quelque Potentat, il auroit vn pretexte d'arrefter le payement des rentes deuës par le Prince aux particuliers, & de ruiner par ce moyen vn nombre infiny de pupilles, vefues, & autres perfonnes miferables qui n'auroient point d'autre bien que celuy-là.

Et qu'il fçauoit que c'eftoit cho-

se si commune aux Princes, d'aliener les reuenus publics, qu'il s'en
trouuoit plusieurs qui malicieuse-
ment auoient ruiné par ce moyen
leurs Estats, nommans vne si
mauuaise action, prudence Politique, & se seruans de ceste mes-
chanceté pour affoiblir dans les
Estats electifs, vn successeur qui
sera peut-estre ennemy de leur
maison, & dans les Estats here-
ditaires, celuy qui succedera à leur
couronne, parce qu'il n'est pas de
leur sang.

Et finalement Apollon dit, que
c'estoit chose de mauuais exemple, que les particuliers peussent
achepter des rentes sur leur Prince, & tirer des interests de leurs deniers hors du trafic, & de la mar-
chandise ; parce que les hommes

eſtans naiz pour viure de leur trauail, & de leur induſtrie, & pour
labourer la terre : il ne leur faut pas
donner le moyen de tirer des
vſures de leurs deniers, qui de leur
nature ne peuuent produire aucun
intereſt legitime, parce que cela ne
ſert qu'à ruiner les hommes qui
ont de l'eſprit, & de l'induſtrie, &
à engraiſſer les vſuriers.

Decision faicte à Parnasse sur la preseance de Rome, ou de Naples.

CHAP. XXXI.

I L y a lettres du dix-septiesme de ce mois, qui portent que quelques Poëtes estans entrez en discours de la grandeur de la ville de Rome en comparaison de Naples, en se promenant soubs le portail du Temple des Muses, Louys Transilo se mit à dire, que les fauxbourgs de Naples estoient

plus grands que toute la ville de
Rome , lequel impudent men-
fonge fut releué par le Caro, qui
luy donna vn dementy Poëtique,
dequoy s'eftans offenfez les Vertueux de la noble Partenopé , ils
fe ietterent fur le Caro , lequel
incontinent fut fecouru par tous
les Poëtes de fa nation ; & defia
ils auoient mis la main aux rimes
deffenduës , & aux fonnets mor-
dans , auec lefquelles armes ils
eftoient prefts de rendre vn
grand combat ; quand Apollon
qui auoit ouy le bruit , enuoya
le Mutio Iuftinopolitain , lequel
appaifa la querelle, & prit parole
des deux partis dë ne fe point of-
fenfer ; & parce que les Lettrez
auoient autresfois pris les armes
pour femblable fubiect, afin que

chacun sçeut ce qu'il falloit croire, & comme on deuoit parler
de ces deux nobles villes ; il commanda à la Rote de Parnasse de
disputer sur ceste matiere, & d'en
faire vne decision. Ce qu'elle a
faiét apres auoir ouy beaucoup
de fois les deux parties, ainsi qu'il
suit.

Coram reuer. Patre Dom.
Cyno. die 10. Maÿ 1611.

DOmini vnanimes tenuerunt,
que Naples doit ceder à Rome, pour ce qui est de la Maiesté
de la ville, & Rome à Naples
pour les delices de la situation,

que Rome doit confeſſer qu'il y
a plus de peuple dans Naples, &
que Naples doit croire aſſeuré-
ment que Rome eſt habitée par
vne plus grande quantité d'hommes, que les eſprits; & les vins
de Naples, pour acquerir leur perfection, doiuent faire le voyage
de Rome, & que les Romains
ſont d'eux-meſmes parfaicts; parce que Rome eſt l'abregé de l'v-
niuers; que Naples par deſſus
toutes les villes du monde, a acquis la ſcience de dompter les
poulains, & Rome la pratique de
parer les eſprits des hommes, pluſtoſt du fard d'vne apparence exterieure, que de la beauté d'vne
vertu ſolide; qu'à Naples il y a
plus de Caualiers, & à Rome
plus de Commandes: qu'entre

les Gentils-hommes Romains, ceux-là seulement meritent le titre de Caualiers, qui portent la Croix sur le manteau ; mais qu'indifferemment tous les Seigneurs du siege de Naples, sans porter la Croix sur le manteau, doiuent estre nommez Caualiers, par ce que la Croix que les Espagnols leur font porter sur la peau, les rend assez dignes de ce tiltre.

Discours fait à l'Italie, par vn Gentil-homme Italien, sur les actions, & les desseins du Roy Catholique, pendant la guerre de la Ligue.

CHAP. XXXII.

SI l'Italie vouloit bien considerer, comme elle peut, quelle est la paix dont elle ioüit, elle recognoistroit facilement que c'est vn poison qui l'estouffe, & que pendant qu'elle vit dans vn repos plein d'oysiueté, elle perd ses amis, & ses alliez, ruinez par les guerres ciuiles qui les affligent, & voit en la misere d'autruy les exemples des perils qui la menacent. Il est vray que ses peuples ont conserué la pureté de la Religion Catholique, & que ses Princes ioüissent paisiblement de leurs Estats, auec l'obeyssance de leurs subiects, & foisonnent en richesses, & en beau nombre d'enfans : & à la verité ceste apparence exterieure que produit cette paix, semble luy donner grand subiect de contentement. Mais ainsi qu'vn corps de forte & robuste complexion, repousse facilement les mauuaises humeurs qui corrompent son temperament : cette vigoureuse Prouince ne sent pas l'infectió des embusches qu'on luy dresse, & des artifices dont lon se sert pour la mettre en seruitu-

de, ou si elle les sent, elle les mes-
prise, & croit auoir assez de forces
pour resister à leur effort ; d'où
vient que sa condition, quelque
paix dont elle ioüisse, en l'Estat, &
en la Religion, est peut-estre aussi
perilleuse, & aussi miserable, que
celle des autres Royaumes qui sont
auiourd'huy tourmentez par l'impieté de l'heresie, ou par les malheurs de la guerre.

Ie suis graces à Dieu, Catholique & Italien, & la cognoissance que i'ay du miserable desordre
dans lequel nous viuons, me contraint de faire part de mon ressentiment à mes amis, & à mes freres,
lesquels ie supplie de lire auec patience & attention, ce mien petit
discours, parce que ie suis asseuré
que i'en tireray le fruict que ie me

ſuis promis, & que ma ſincerité me
fait eſperer.

Le preſent eſtat de la France,
me fournit l'argument de l'aduis
que ie veux donner à noſtre Italie.
Ce Royaume , comme chacun
ſçait, eſt diuiſé en deux partis, qui ſe
font la plus cruelle guerre dont on
ait iamais ouy parler; & en fin le
Roy d'Eſpagne s'eſt declaré protecteur de l'vn des partis , ſous le ſpe-
cieux pretexte de la Religiõ: de ſorte qu'au lieu qu'à force d'argent, &
de pratiques ſecrettes, il a cy-deuãt
ſuſcité & entretenu la diuiſion en
ceſt Eſtat, en donnant ſecours aux
Princes de la Ligue, & aux villes
rebelles ; auiourd'huy auec toute
ſorte d'appareil de guerre, il s'ef-
force à deſcouuert, non ſeulement de chaſſer le Roy legitime

de ſon Royaume, & d'en exclure
toute ſa maiſon; mais meſmes
fondant ſes armes ſur des titres
mendiez, & ſur des pretentions
imaginaires, il taſche d'en vſurper
la plus grande partie, tant pour
luy, que pour ſes parens, & d'en-
gloutir apres cet Eſtat entierement, en trompant ceux qui ont
recherché ſa protection, & ruinant
ceux qui ſe ſont declarez contre
luy, & de ſe rendre par ce moyen,
ſouuerain Monarque, & arbitre
de tout le monde. Or ſi ce grand
Roy a ſçeu par ſes artifices diſpo-
ſer l'eſprit d'vn peuple, qui auoit
vne haine inueteree & hereditaire
contre luy, à ſuiure ſes conſeils, &
ſe ſeruir de ſes armes: & s'il a bien
la hardieſſe d'entreprendre contre
les loix fondamentales de l'Eſtat,

de donner vn Roy à ce Royaume
à sa fantaisie, & de soubsmettre à
sa Couronne vn Monarque, & vn
Royaume, qui tant par la considera-
ration de ses merites, que de ses
forces, le precede, & tient le premier rang entre tous les Princes
Chrestiens : Qu'est-ce que l'Italie
ne doit point craindre ? pense-elle
que ceste publique, & immoderee
auididé de commander, & de dominer toute la terre, ne se prenne
pas aussi à elle ; & que le Roy d'Espagne, qui possede ses plus grandes, & plus belles Prouinces, ne
vueille pas à la fin s'en rendre maistre entierement ? & croit-elle n'e-
stre pas comprise dans la descri-
ption de sa Monarchie vniuerselle ?
Il faut n'auoir point d'yeux, ny de
iugement, pour ne pas recognoi-

ftre ce danger, & pour n'eftre
point touché de cefte crainte : car
il n'y a point auiourd'huy de lieu
au monde, où ne s'eftende l'effort
de la tyrannie Efpagnole. La commodité, le profit, & la reputation,
font de puiffans-efguillons pour
faire conceuoir vn deffein, & former vne entreprife : & quand à faute de legitime pretention, lon
prend pour obiect l'vne de ces
trois fins, il faut pour la faire reüffir, fe feruir de la fraude, ou de la
violence, & quelquesfois de l'vne
& de l'autre, felon l'occafion &
l'adreffe des Miniftres à qui le Prince a donné la conduite de fon deffein. Si le Roy d'Efpagne pouuoit
vnir ce qu'il tient en Italie auec les
Eftats des autres Princes, il en tireroit fans doute de la commodité,

du

du proffit, & de l'honneur : mais
en cela il est agité de deux contraires mouuemens, car d'vn costé il n'a
aucun subiect de leur faire la guerre ; mais d'autre part sa volonté
estant toute disposee à l'entreprendre, il se laisse violenter par ses desirs ambitieux : & comme il a vne
grande confiance en ses forces, &
en ses tromperies, & souplesses ordinaires, il espere qu'il mettra facilement à chef ce qu'il entrepren-
dra : & peut-estre est-il sur le poinct
de nous mettre tous en seruitude,
& de faire des trophees à sa gloire
de la sotte prudence, & de l'irresolution de nos Princes. L'Italie est
auiourd'huy gouuernee par deux
puissances, sçauoir est, la spirituel-
le, & la temporelle ; & dautant
qu'il recognoist bien qu'vne vio-

lence ouuerte, feroit inutilement
employee à leur ruine, & qu'elle fe
trouueroit autant impuiffante, que
defraifonnable; il a recours à la
fraude, & aux artifices, pour les
abattre, & les mettre foubs fa domination. Pour le regard de la
puiffance fpirituelle, il n'y a perfonne qui n'aduoüe que le Roy
d'efpagne y a pris vn tel aduantage, qu'il fera deformais en fa difpofition de faire les Papes, & que partant la Cour de Rome releue principalement de fon authorité; pour
à quoy paruenir, il s'eft feruy depuis quelques temps du titre fpecieux de Prince Catholique, & de
Protecteur de l'Eglife, & de Iefus-
Chrift, faifant prefent à des Prelats
auec vne charité feinte, & fimulee,
de bonnes penfions, tenant la

main à l'election des Euesques, &
des Cardinaux, attirant à son party
les parens des Papes, & ceux qui
ont plus de credit en ceste Republique, par l'amorce de l'argent, &
des dignitez; amorce si puissante,
qu'elle luy a donné vn applaudissement vniuersel, & estably sa reputation, auec laquelle il a tasché autant qu'il peut, de conseruer l'opinion de sa puissance en l'esprit des
hommes, & luy a acquis vne suite
simoniaque de personnes interes-
sees, desquelles il se peut promettre toute sorte de seruice, en quelque occasion que ce soit. C'est
pourquoy nous voyons ce grand
nombre de Religieux qui se disent
estre enuoyez de Dieu, pour combattre les heresies de nostre temps,
s'attacher passionnément aux des-

seins de ce Catholique Nembrot
desguisé du pretexte de Religion.
Ces bons Peres ont premierement
pensé à se faire riches, & comme ils
se sont veus en possession de tres-
bon reuenu, ils ont fait bastir des
Temples, & des Monasteres pleins
de pompe, & de magnificence; &
apres auoir gagné le cœur des pauures peuples, auec mille sortes d'inuentions sainctes en apparence, ils
ont commencé à exercer vne tyrannie insupportable sur leurs ames,
leurs corps, & leurs biens : lors
qu'ils se sont establis en France, en
Allemagne, en Pologne, en Angleterre, & en Portugal, ils disoient
que leur profession estoit de seruir
Dieu : mais il s'est trouué que dés ce
temps là mesme ils ont bien mieux
seruy le Roy d'Espagne; car pour

cet effect, ils se sont meslez des suc-
cessions des Royaumes, ils se font
entremis aux negotiations de la
paix, & de la guerre, ils ont formé
des ligues, suscité des rebellions,
dressé des trahisons, traicté des ma-
riages, & fait autres affaires tem-
porelles de ceste qualité; & pour y
paruenir ils se sont instruits des secrets des maisons, & des Estats, par
le moyen des confessions, & de la
familiarité qu'ils ont pratiquee
auec les enfans, & les femmes, &
en ayant la cognoissance, ils y ont
apporté les remedes qu'ils ont iugé
les plus propres pour le bien des affaires des Espagnols, lesquels par
l'étremise de gés de ceste códition,
& autres de mesme cabale, qu'ils
ont à Rome, en toute l'Italie, & en
somme par tout où s'estend l'au-

thorité de l'Eglise Chreſtienne, ont
eſtably leur reputation, & fait
craindre leur puiſſance. Et combien que dans le Royaume de Naples, fief du ſainct Siege Apoſtolique, les Miniſtres du Roy d'Eſpagne entreprennent auec trop de
ſcandale ſur la iuriſdiction Eccle-
ſiaſtique, & faſſent mille ſortes
d'iniures aux Preſtres, & aux Prelats, & que ces derniers iours nous
ayons veu à Rome les Ambaſſa-
deurs d'Eſpagne, menacer le Pape
Sixte V. de ſaincte memoire, de ſe
ſouſtraire de ſon obeyſſance, parce
qu'il commençoit à incliner du
coſté des François, apres auoir deſcouuert les tromperies, & les fauſ-
ſetez dont les Eſpagnols l'auoient
ſi long-temps entretenu ; neantmoins on n'en dit mot, & non

feulement on endure cefte impieté effrontee, qu'ils condamnent fi librement en autruy : mais mefmes il fe trouue des perfonnes qui les excufent, & les deffendent ; & les affaires font reduites à ce poinct, que lon accuferoit pluftoft ce bon Pape d'herefie, que lon ne prendroit le Roy d'Efpagne pour hypocrite, & pour vfurpateur de l'authorité Apoftolique. Et pour ce qui eft de la puiffance temporelle, qui eft celuy qui ne recognoift ce que ces renards Efpagnols & Catholiques, ont fait par le paffé, & font encore tous les iours pour l'vfurper? Voila que par vn mariage plein de fafte, ils ont embaraffé vn Prince d'Italie dans vne guerre tres - importante, de laquelle il ne peut efperer vn meilleur fuccez, que de fe voir

V iiij

contraint de mettre ſa perſonne &
ſon Eſtat entre les mains du Roy
d'Eſpagne, pour l'vnir au Duché
de Milan, & eſtédre par ce moyen
ſa domination en Italie, qui eſt
ce que l'Empereur ſon pere a tant
deſiré, & ce qu'il a ſouhaité luy-
meſme auec tant d'affection. Voilà
qu'il donne des penſions à d'autres
auec des titres & des eſperances
pleines de vent: voila des diuiſions
qu'il a artificieuſement ſuſcité entre les Princes & leurs ſubiects, la
Nobleſſe & le peuple. Voila qu'il
aſſiſte les Bourgeois côtre les Gentils-hómes, afin de gagner le cœur
de la populace: voila qu'il donne
à la Nobleſſe l'ordre de la Toiſon,
des titres, & des charges belles en
apparence, pour les faire tomber
dans la ſeruitude, en leur preſen-

tant l'appas de ces dignitez, qui les obligent à de gandes defpenfes, qu'ils ne peuuent longuement entretenir: voila qu'il fauorife les rebelles, & les bannis, & qu'il prend effrontement la tutele des pupilles, & de leurs eftats: voila qu'il promet à des Marchans de gros interefts de leur argent, & qu'apres auoir touché par ces artifices des fommes immenfes de deniers, fous pretexte de faincteté, il refufe de leur payer le profit qu'il auoit promis, & retenant toufiours le principal, conuertit en fa fubftance le fang de l'Italie, pour l'accompliffement de fes hautes penfees, & de fes vaftes deffeins. Mais ce qui importe le plus eft, que pour faire la guerre en Flandre, en Portugal, en Angleterre, & auiourd'huy en la

miſerable France, il tire les principales forces de ſes Eſtats, pour enuoyer mourir malheureuſemét ſes
ſubiects hors de leur pays , ſans
qu'il luy en reuienne ny victoire,
ny reputation; ce qui nous deuroit
principalement eſmouuoir à penſer à nous , & aux pertes que nous
faiſons à tous coups de nos peres,
de nos freres, & de nos enfans, tuez
cruellement par le fer, & par les
maladies , conſiderans que celuy
pour qui nous combattons, nous
eſt plus grand ennemy, que celuy
contre lequel nous nous armons;
parce qu'en effect celuy de delà les
Monts combat pour recouurir le
ſien, & n'a point de deſſein de nous
offenſer. Mais celuy-cy non content d'vn ſi grand eſpace de terre
qu'il poſſede, employe toutes for-

tes de rufes pour troubler noftre repos, & rauir noftre liberté, encores que nous le feruions auec tant de bonne volonté, & fe fert de tous moyens pour nous aneantir, & nous mener en triomphe, auant que la mort luy ferme les yeux.

Dites-moy Duché de Milan, Royaume de Naples, & de Sicile, Eftat de l'Eglife, en quel eftat vous trouuez-vous ? confiderez la ruine qui vous menace, prenez garde comme vous perdez à toute heure vos enfans, & vos biens, & que ce tyran fait des guerres pleines d'iniuftice au prix de voftre fang, & repaift de vos trefors ces horribles harpies, defquelles toutes vos places publiques, & toutes vos maifons font remplies, & que vous eftes contraints de careffer, & de

ſouffrir à voſtre table, & à voſtre
lict : recognoiſſez le malicieux procedé, & les frauduleuſes violences
de ce grand Roy, de ce Prince ſi
pieux, qui eſtant entré auec les armes dans le Temple de Dieu, a mis
la main au Sanctuaire, diſperſé le
treſor, vſurpé l'election & l'authorité du ſouuerain Preſtre, & s'eſt
rendu redoutable à tout le monde;
& qui conceuant le deſſein ambitieux de la Monarchie de l'vniuers,
veut ſignaler ſon entrepriſe, par la
conqueſte de l'Italie, tant à cauſe
de la reſidence que le Vicaire de
Ieſus-Chriſt y fait, lequel il veut
aſſubiettir à ſa puiſſance, que parce
qu'il recognoiſt que l'Italie, quoy
qu'elle ſoit de peu d'eſtenduë, a aſſez de force pour s'oppoſer aux
prodigieuſes machines de ſa vaine
gloire.

Ainsi ayant acquis les aduantages que nous voyons qu'il a au spi-
rituel, il se prepare à l'vsurpation
du temporel, tirant tout ce qu'il
peut de nos tresors, par le moyen
de la nation Genenoise, & des-
poüillant les Prouinces & les villes
tant de sa domination, que des autres Princes, de soldats, & de Capitaines; afin que s'il vit encore quelques annees, il luy soit plus facile
de s'en rendre le Maistre, auec le
secours de ses autres Estats, ou s'il
vient à mourir, que les peuples Italiens ne puissent, en se secourant les
vns les autres, se deliurer d'vne seruitude si insupportable, & si barbare.

Donc ma chere Italie, par ce
sang innocent que tes enfans ver-
sent à present en Prouence, en Sa-

uoye, en Flandre, & en France, par
les chaudes larmes que tant de
malheureuses meres respandent si
souuent, en receuant les nouuelles
de la mort de leurs enfans: par ceste
liberté que tu as rachetee tant de
fois des plus cruels barbares, auec
vne si grande abondance de ton
sang: prens bien garde à toy, ayme
& conserue les richesses, les peuples, & les Princes naturels & le-
gitimes que Dieu t'a donnez, & ne
te fie plus desormais à la barbarie
de ces faux Catholiques, qui t'ho-
norent pour te perdre, & te donnent des recompenses pour le prix
de ta seruitude.

F I N.